高等职业教育港航专业系列教材

港口理货与调度业务

◎魏春锁 张明齐 张 楠 编著

微信扫描
获取课件等资源

南京大学出版社

内 容 简 介

本书共分为三篇,第一篇为港口企业概述,主要包括我国港口企业外部、内部的结构关系,港口及设施,码头公司生产业务流程;第二篇为港口理货业务,主要包括港口库场业务管理,码头库场理货业务,外轮船舶理货业务;第三篇为港口调度业务,主要包括港口调度业务流程,港口调度业务管理,港口调度业务操作标准。

本书实践性较强,逻辑清晰,比较适合作为高职高专港口与航运管理等相关专业的教材,也可作为港口业务人员的培训教材。

图书在版编目(CIP)数据

港口理货与调度业务 / 魏春锁, 张明齐, 张楠编著.
-- 南京:南京大学出版社,2018.8(2022.7 重印)
ISBN 978-7-305-20138-7

Ⅰ. ①港… Ⅱ. ①魏… ②张… ③张… Ⅲ. ①货物运输—港口管理—高等职业教育—教材 Ⅳ. ①U695.2

中国版本图书馆 CIP 数据核字(2018)第 088608 号

出版发行 南京大学出版社
社　　址 南京市汉口路 22 号　　　　邮　编　210093
出 版 人 金鑫荣

书　　名 港口理货与调度业务
编　著 魏春锁 张明齐 张楠
策划编辑 胡伟卷
责任编辑 胡伟卷 蔡文彬　　　　编辑热线 010-82865039

照　　排 北京圣鑫旺文化发展中心
印　　刷 常州市武进第三印刷有限公司
开　　本 787×1092 1/16　印张 13　字数 325 千
版　　次 2018 年 8 月第 1 版　2022 年 7 月第 2 次印刷
ISBN 978-7-305-20138-7
定　　价 38.00 元

网　　址:http://www.njupco.com
官方微博:http://weibo.com/njupco
微信服务号: njuyuexue
销售咨询热线: (025)83594756

前　言

　　港口理货业务和港口调度业务,是港口生产业务中的主要组成部分。港口理货业务是指在港口从事货物清点、查明货物数量和表面情况而进行交接的业务,主要涉及港口库场和船上、船边两个区域的理货业务。从港口库场区域业务角度来看,主要涉及港口库场理货员与收、发货货主或其代理人之间以及港口库场理货员上、下工班之间的交接业务。从船上、船边区域业务角度看,分内贸和外贸两种情况:内贸业务时,主要是港口库场理货员与船员之间的交接业务;外贸业务时,主要是港口库场理货员与外轮理货员之间的交接业务。本书所要阐述的港口理货业务,是以港口库场理货业务为主,外轮理货为辅,省略了内贸船员理货业务。

　　港口调度业务分为港口集团调度业务和集团旗下码头公司的调度业务。前者主要负责子公司、船公司以及船代或货代航道申报计划的审批、安排、协调的广义业务;后者的调度业务主要负责码头人力、机械、库场和船舶、车辆、货物的统一协调、指挥的狭义业务。本书所阐述的港口调度业务,主要是码头公司的调度业务。

　　在码头公司的港口生产业务中,业务运作的层次逻辑关系是:货运计划部门依据航讯网和舱单安排港口货运计划,调度部门依据计划安排、协调、指挥机械、装卸、理货等部门的业务活动。

　　本书重点介绍码头公司的调度业务和理货业务,至于码头公司的机械、装卸等部门的业务不在本书中讲述。

　　除此之外,考虑到高职学生毕业进入港口生产岗位一般是先从事港口理货业务,待有几年工作经验后,方能进入港口调度业务岗位的客观现实,本书内容安排的顺序是先介绍港口理货业务,后介绍港口调度业务。这样可以为毕业生未来的港口职业生涯逐步提高、不断积累的过程打好基础。本书的创新点如下。

　　1. 在形式上突破了港口调度业务在上、港口理货业务在下的业务层级关系;在内容上顺应了先基点、后高点的认知顺序,即"港口理货业务在前、港口调度业务在后"的布局特点。

　　2. 为避免学生对港口理货和调度业务层级关系理解的混乱,本书在"第一篇港口企业概述"中说明了港口生产的业务层级关系,让学生在了解港口生产业务层次的基础上,再学习"第二篇港口理货业务"和"第三篇港口调度业务"。这样就避免了学生对两大业务层次关系的理解可能产生的误解。除此之外,在第一篇中还介绍了港口与政府部门之间、港口集团内的业务关系。

　　3. 本书的港口理货业务包括港口库场的理货业务和船上、船边的外轮理货业务。鉴于外轮理货员是代表外轮方与港口库场理货员之间进行货物交接,其业务内容有很多相似之处,如货物的隔票、垫衬以及堆码要求和标准等。但是,两者理货的区域不同,一个在码头、库场,一个在船上、船边。另外,交接所形成的个别单据也有所不同。例如,同是货物交接出现货损货差,港口库场理货员与货主或其代理人共同编制的是货运记录;而外轮理货员与之编制的是现场记录。如果泛泛地讲港口理货业务,以编者多年教学中所使用的理货业务的诸多书来看,对于在校学生来讲,他们会把两种理货业务混为一谈,不利于理清港口理货业务的全貌,为此,本书做了区分。此外,从港口调度业务与港口理货业务的指挥系统的指向来看,基层码头公司的港口调度业务主要指向码头库场的理货业务,而不是外轮理货业务。因此,基于这种考虑,本书在介绍港口理货业务时,以港口库场的理货业务为主。

4. 船上、船边理货业务除了外轮理货业务外,还包括内贸船的船员理货,由于是船员与港口库场的理货员直接交接,手续简便,因此,本书没有涉及内贸船员理货的内容。

本书由天津海运职业学院魏春锁、张明齐、张楠编著。由于编者水平有限,不足之处在所难免,敬请同行专家及读者批评指正。

编　者
2018. 8

目　录

第一篇

港口企业概述

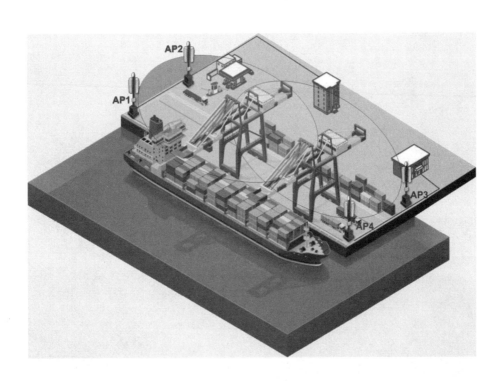

第一章

我国港口企业外部、内部的结构关系

第一节 港口企业与政府机构的结构关系

新中国成立后至改革开放初期,我国的港口大多属交通部直接领导和管理,是政企合一的体制,属部级之下的局级单位,如交通部上海港务管理局、交通部天津港务管理局等。船务调度由交通部统一直接调拨和管理。

随着改革开放的不断深入,我国各地港口纷纷下放到地方政府管理,交通部只起业务指导的辅助作用。一般在地方政府部门设立港口管理局,港口作为企业而存在,形成港口管理局与港口企业的政企分离关系。

一、港口管理局的职能

港口管理局的职能包括:制定港口发展规划;监督建造码头基础结构和其他水工建筑物;负责港池及港外航道的疏通;批准有关单位在港区范围内构筑设施和对码头基础结构的租借申请;对进出港、靠泊码头、锚地的船舶及对装卸作业进行安全监督、管理;对环境保护进行监督、管理;对进出港船舶进行引航;负责港区消防;掌握在港和进出港船舶的动态;征收各项政府规定征收的税费。

以上部分职能在我国港口企业中还有保留,如引航、消防和公安等,有的港口企业还包括医院、学校等。随着港口企业体制的不断深化改革,部分政府职能逐渐从企业中退出,本书不做深入分析。

二、与港口管理局平行的政府部门的职能

(一) 海事局

交通运输部设在沿海沿江各港的海事局,是国家行政管理机关。根据法律、法规的授权,海事局负责行使国家水上安全监督和防止船舶污染、船舶及海上设施检验、航海保障管理和行政执法,并履行交通部安全生产等管理职能。其主要职责如下。

① 拟定和组织实施国家水上安全监督管理和防止船舶污染、船舶及海上设施检验、航

海保障以及交通行业安全生产的方针、政策、法规和技术规范、标准。

② 统一管理水上安全和防止船舶污染。监督管理船舶所有人安全生产条件和水运企业安全管理体系;调查、处理水上交通事故、船舶污染事故及水上交通违法案件;归港口管理的交通行业安全生产工作。

③ 负责船舶、海上设施检验行业管理以及船舶适航和船舶技术管理;管理船舶及海上设施法定检验、发证工作;审定船舶检验机构和验船师资质、审批外国验船组织在华设立代表机构并进行监督管理;负责中国籍船舶登记、发证、检查和进出港(境)签证;负责外国籍船舶入出境及在我国港口、水域的监督管理;负责船舶载运危险货物及其他货物的安全监督。

④ 负责船员、引航员适任资格培训、考试、发证管理。审核和监督管理船员、引航员培训机构资质及其质量体系;负责海员证件的管理工作。

⑤ 管理通航秩序、通航环境。负责禁航区、航道(路)、交通管制区、港外锚地和安全作业区等水域的划定;负责禁航区、航道(路)、交通管制区、锚地和安全作业区等水域的监督管理,维护水上交通秩序;核定船舶靠泊安全条件;核准与通航安全有关的岸线使用和水上水下施工、作业;管理沉船沉物打捞和碍航物清除;管理和发布全国航行警(通)告,办理国际航行警告系统中国国家协调人的工作;审批外国籍船舶临时进入我国非开放水域;负责港口对外开放有关审批工作以及中国便利运输委员会日常工作。

⑥ 航海保障工作。管理沿海航标无线电导航和水上安全通信;管理海区港口航道测绘并组织编印相关航海图书资料;归港口管理的交通行业测绘工作;组织、协调和指导水上搜寻救助,负责中国海上搜救中心的日常工作。

⑦ 组织实施国际海事条约;履行"船旗国"及"港口国"监督管理义务,依法维护国家主权;负责有关海事业务国际组织事务和有关国际合作、交流事宜。

⑧ 组织编制全国海事系统中长期发展规划和有关计划;管理所属单位基本建设、财务、教育、科技、人事、劳动工资、精神文明建设工作;负责船舶港务费、船舶吨税有关管理工作;负责全国海事系统统计和行风建设工作。

(二)海关

根据国家有关法规规定负责进出口货物的检验、放行和征税;对船员、旅客携带的个人物品进行检查、放行和征税;查禁走私。

(三)边防检查站

检查进出境人员的护照及其他证件,维护国家主权和尊严,保证港口、船舶的安全。

(四)卫生检疫、动植物检疫、商品检验等机构

对进口动、植物和国际航行船舶上的船员、旅客进行卫生检疫,防止病菌、害虫和疫病传播;检查进出口货物的品质、包装等是否符合有关规定;应船方或货方请求,对残损货物进行品质、包装等检验,出具证明,以便法院仲裁。

国际航线航行的船舶在要进入我国对外开放港口之前一个星期就要通过当地船舶代理公司填报规定的表格,向港务监督办理进港手续。由港监组织海关、边防检查站和卫生检疫所等单位组成联合检查小组,提出联合检查方式(边航行边检查、在锚地检查或靠码头后检查),对船舶进行联合检查(简称联检)。

第二节 港口企业集团与其子公司的结构关系

一、港口企业集团的业务范围

港口企业集团是从事客、货运输装卸生产经营活动的独立的经济实体,是自主经营、自负盈亏的经营者,是具有一定权利和义务的法人企业。

港口企业集团的业务范围如下。

① 总体上把握港口的工作效率和装卸效率,为加速车船周转,最大程度地完成客、货运输和装卸任务,使用现代化装卸设备和机械,运用现代科学技术,采用新的装卸工艺以及现代管理方法,提供计划审核、运作监控、业务指导。

② 总体保证港口生产过程的高度连续性、比例性和均衡性。港口生产各环节的能力应保持合理的比例,以发挥综合能力的作用;船、港的吞吐能力与货物之间也要有一个合理的比例,否则,比例不当或比例失调,都将导致港口生产能力明显下降,经济效益降低。

③ 总体提供港口装卸货物流向、数量信息,以及水文、气象等自然条件变化信息,船舶进出港船舶动态信息等。

二、港口集团子公司分类及各自的业务范围

(一)码头生产业务子公司

码头生产业务子公司(简称码头公司)是港口集团企业的核心单位。这类公司有独立的港池、泊位、机械、设备、库场,生产业务主要包括调度、安全、工艺、机械、装卸、理货、工具等部门的业务。

码头生产业务主要分船上生产业务和码头库场生产业务。

船上生产业务是指船舶到达港口以后,以门机或岸桥为核心,由港口的各岗位工人协同合作,在船上进行装卸、整理、拆卸、堆高、垫高、平舱、清舱、衬垫、隔票、开关舱以及舱内叉车移送和堆码等作业项目。

码头库场生产业务是指由港口的各岗位工人协同合作,在库场进行货物的装卸、库场间运输、衬垫、堆码、隔票、理残、储存、保管、苫盖等作业项目。

以天津港为例,这样的码头子公司有港埠一公司至五公司,煤炭、石化及各类集装箱公司等。

(二)外轮理货业务子公司

外轮理货业务子公司也是港口集团企业的主要单位。外轮理货公司的业务是指外轮理货员代表船方与港口理货员在船边对船上货物进行点数、计量、交接等工作。外轮理货是外

贸运输中不可缺少的一个环节,它对承、托运双方履行运输契约,买卖双方履行贸易合同和船方保质保量地完成运输任务,都起着重要的作用。

(三)货物仓储子公司

货物仓储子公司也是港口集团企业的独立单位。货物到达港口后,为了货物集散、简单包装、分拣、拆装箱等需要大多都要暂时在库场堆放一段时间。为此,各港口就在港区内临近码头公司的地方设置库场。以天津港为例,进口暂时不离港、出口船舶尚未到港前的货物,大多暂时存放在天津港的物流发展有限公司的库场内。这些库场距离各码头公司均不超过一公里的距离,非常便于货物的集散。

(四)驳船运输子公司

驳船运输是港内利用水运短途集疏运的重要手段,是降低换装成本、集疏运成本的最经济的方法之一。驳船运输子公司主要有两项业务:一是完成港内货物短途集疏运;二是完成港口之间较长距离的货物运输。港口拥有的驳船多数是为了港口范围内的货物位移。目前,在世界的主要港口内,驳船运输仍是港口内货物移动的主要方式。

由于驳船运输的最大优势是,直接靠在海船的外舷边上直接用海船上的装卸机械进行作业。不仅在海船挂靠泊位时可以作业,即使在海船挂靠浮筒时也可以作业。因而使用驳船进行码头货物的装卸,不仅可以不占用港口的码头岸线,同时又可以提高海船的装卸效率。

(五)拖轮、解系缆服务企业

船舶在港口的航行中经常会遇到诸如掉头、靠泊、航道狭窄等问题。遇到这些问题,多数情况下,船舶需要有拖轮协助。有些港口在船舶进入港口、靠泊、掉头和离开港口时,强行要求提供拖轮服务。在船舶靠泊或靠浮筒时,港口还提供解系缆服务。对船舶的解系缆服务可以专门成立服务公司,也可以直接由港口提供。以天津港为例,拖轮服务归属于轮驳子公司,解系缆服务归属于码头子公司的理货部门。

第二章
港口及设施

第一节　港口

一、码头

码头是供船舶停靠、装卸货物和上下游客的水工建筑物,是港口的主要组成部分。如图 2-1 所示为天津港码头。

按码头的平面布置可以分为顺岸式、墩式、突堤式等。墩式码头又分与岸用引桥连系的孤立墩和用联桥连系的连续墩;突堤式码头又分窄突堤(突堤是一个整体结构)和宽突堤(两侧为码头结构,当中用填土构成码头地面)。

按码头的用途可以分为综合性码头、专用码头(石油码头、煤码头、矿石码头、集装箱码头等)、货主码头、集装箱码头、石油码头等。

图 2-1　天津港码头

(一) 综合性码头

综合性码头又称通用码头。它是能够进行多种货物装卸作业的码头。采用通用装卸机械设备,一般以装卸杂货为主。这种码头适应性强,在货种不稳定或批量不大时比较适用。

(二)专用码头

相对于综合性码头而言,专用码头专供某一固定货种和流向的货物进行装卸的码头,如煤炭码头、化肥(散装或袋装)码头、石油码头、集装箱码头等。其特点是码头设备比较固定,便于装卸机械化和自动化,装卸效率高,码头通过能力大,管理便利。

(三)货主码头

沿江、河、湖、海的厂矿企业,在原料、燃料、制成品的运输过程中,为了减少倒载和短途运输,降低产品成本,通常都在靠近企业附近,由本企业建设码头。这类专业性比较强的码头称为货主码头。

(四)集装箱码头

它是专供集装箱装卸的专用码头,一般要有专门的装卸、运输设备,要有集运、贮存集装箱的宽阔堆场,有供货物分类和拆装集装箱用的集装箱货运站。由于集装箱可以把各种繁杂的件货和包装杂货组成规格化的统一体,因此可以采用大型专业设备进行装卸、运输,保证货物装卸、运输质量,提高码头装卸效率。

(五)石油码头

它是装卸原油及成品油的专用码头。它距普通货(客)码头和其他固定建筑物要有一定的防火安全距离。这类码头的一般特点是货物载荷小,装卸设备比较简单,在油船不大时(如内河系统),一般轻便型式的码头都可适应。由于近代海上油轮巨型化,根据油轮抗御风浪能力大、吃水深的特点,对码头泊稳条件要求不高。目前有四种装卸原油的深水码头(或设施),即单点系泊码头、多点系泊码头、岛式码头和栈桥式码头。前三种码头一般没有防风浪建筑物,最后一种码头是否设防风浪建筑物,要视布置形式和当地条件而定。

二、码头岸线

码头岸线是码头建筑物靠船一侧的竖向平面与水平面的交线,即停靠船舶的沿岸长度。根据船舶吃水深度和使用性质等的不同,一般分为深水岸线、浅水岸线和辅助作业岸线等。港口各类码头岸线的总长度是港口规模的重要标志,其能说明同时靠码头作业的船舶数量。如图2-2所示为防城港码头岸线。

图2-2 防城港码头岸线

三、码头前沿作业地带

码头前沿作业地带是从码头线至第一排仓库(或堆场)的前缘线之间的场地。它是货物装卸、转运和临时堆存的场所。一般设有装卸、运输设备;有供流动机械、运输车辆操作运行的地带;有的还有供直取作业的铁路轨道。码头前沿作业地带的宽度没有统一的标准,主要根据码头作业性质、码头前的设备装卸工艺流程等因素确定。如图2-3所示为天津港码头前沿作业地带。

图2-3 天津港码头前沿作业地带

四、码头客运站

码头客运站是旅客办理乘船手续和登船候船的场所。它包括客运码头、售票厅、候船室、行李托运处、小件行李寄存处等。如图2-4所示为天津港码头客运站。

图2-4　天津港码头客运站

五、泊位

（一）一般泊位

泊位是一艘设计标准船型停靠码头所占用的岸线长度或占用的囤船数目。泊位长度一般包括船舶的长度 L 和船与船之间的必要安全间隔 d。d 值的大小根据船舶大小而变化，一个万吨级泊位为15～20米。泊位的数量与大小是衡量一个港口或码头规模的重要标志。一座码头可能由一个或几个泊位组成，视其布置形式和位置而定。如图2-5所示为码头泊位。

图2-5　码头泊位

（二）安全泊位

安全泊位是港口为船舶停靠所提供的可保证船舶安全、不被搁浅、永远处于漂浮状态的泊位。

六、库场

港口库场是水运货物的主要集散场所,对缩短车船停留时间、加快货物周转、提高货运质量有重要作用。港口仓库主要用于短期存放不宜日晒雨淋的货物和易于散失的贵重货物;堆场主要存放不怕日晒雨淋的大宗散货和桶装、箱装货物。在仓库不够使用时,堆场也可堆存放有包装的货物,如粮食、化肥等,但要采取可靠的防晒、防湿措施,如垫高并加盖苫布等。

仓库的构造和设备还应满足防火、防潮和通风等要求。仓库内的净高要高于最大堆货高度和所用装卸运输机械的最高点。库内柱距应尽量加大,以利机械车辆运行并增大仓库的有效堆货面积。仓库门孔的位置和大小要充分考虑船舶舱口、铁路货车长度、仓库柱网布置和进出仓库的机械车辆种类。

堆场一般使用移动机械进行装卸。为了便于机械运转和货物堆放,堆场的地坪要铺设混凝土、沥青混凝土或块石。堆场要有一定排水坡度和良好的排水沟渠。专业化堆场要根据装卸工艺设置特定构筑物和轨道,供专用机械的运行。堆场的地坪和地基要适应荷载要求加以处理。

港口库场按所处位置可分为前方库场和后方库场。前方库场建在码头前沿的近旁,供进港货物暂时存放和出港货物在装船前临时集中之用,以缩短货物的搬运距离,加快装卸船速度。前方库场的进港货物应迅速转运,避免码头堵塞,或转移到后方库场,腾出前方库场供集中出港货物或供下一艘船卸货之用。前方仓库一般为单层结构,称为单层仓库。如果码头的纵深较浅而需要仓库面积又较大,也可以建造双层仓库或多层仓库。多层仓库内柱子多,堆货的有效面积小,机械运转不便,楼层的负荷能力较小,相对堆存量不大。多层仓库的垂直运输可以用起重机将货物吊上楼层平台。如果层数较多,也可用载货电梯。后方库场离码头较远。由于车船到港不均衡,到港货物在数量和品种上也参差不齐,港口必须有库场起调节作用,以便车船到港后能及时装卸,加速周转;而且前方库场也有货物要转载,因此港口必须配置一定数量的后方库场。后方库场只是供货物集中和疏运的周转之用,与物资、仓储部门的存储库场性质不同,不能长期堆存货物。

港口库场按用途可分普通库场和专用库场。杂货码头装卸各类货物,堆放这些货物的库场,不配置固定的专用机械设备,便是普通库场。如图2-6所示为普通库场。

图2-6 普通库场

专业化码头装卸特定货物,库场根据货物特点和装卸工艺要求建造构筑物并配置专用的机械设备,便是专用库场,如散粮筒仓、油库、冷藏库、危险品库、煤场、矿石场和木材场等。集装箱码头有宽广的堆场和拆装箱库,供大量集装箱堆放和一部分零担货物在港区内装箱和拆箱之用。如图2-7所示为集装箱码头库场。

图2-7 集装箱码头库场

港口库场的通过能力应该和码头的通过能力相适应并略有富余,以保证码头畅通。前方库场的容量应保证能不间断地进行一艘设计标准船型的船舶或一个驳船队所载货物的装卸作业。库场位置应该和码头、铁路、道路的布置相协调,充分考虑装卸作业的便利。

七、港池

港池是港口内供船舶停泊、作业、驶离和掉头操作用的水域。港池要有足够的面积和水深，要求风浪小和水流平稳。港池有的是由天然地势形成的；有的是由人工建筑物掩护而成的；有的是人工开挖海岸或河岸形成的（称挖入式港池）。如图2－8所示为天津港东疆港区港池。

图2－8　天津港东疆港区港池

八、航道

航道是在内河、湖泊、港湾等水域内供船舶安全航行的通道，由可通航水域、助航设施和水域条件组成。航道按形成原因可以分为天然航道和人工航道，按使用性质可以分为专用航道和公用航道，按管理归属可以分为国家航道和地方航道。如图2－9所示为天津港部分航道。

图2－9　天津港部分航道

九、锚地

锚地是港口中供船舶安全停泊、避风、海关边防检查、检疫、装卸货物和进行过驳编组作业的水域，又称锚泊地、泊地。其面积因锚泊方式、锚泊船舶的数量和尺度、风浪和流速大小等因素而定。作为锚地的水域要求水深适当，底质为泥质或砂质，有足够的锚位（停泊一艘船所需的位置），不妨碍其他船舶的正常航行。如图2-10所示为新加坡港锚地。

图2-10　新加坡港锚地

第二节　设施

一、泊位护木、橡胶靠绑、缆桩

（一）泊位护木、橡胶靠绑

泊位护木、橡胶靠绑是码头泊位保护船体不受撞磨的保护性设施。泊位护木是一种固定在码头泊位外侧上沿处，与码头路面平行一字排开的防止船体靠岸时撞磨码头的保护性设施，如图2-11所示。橡胶靠绑是一种将橡胶轮胎分段固定在泊位护木外侧的保护船体不受撞磨的保护性设施。两个设施虽然都有保护船体的作用，但也有区别，泊位护木在泊位外侧上沿处一字排放，贯穿所有泊位；橡胶靠绑不是依次排开，而是分散固定在泊位护木外侧。船体靠岸时，先接触橡胶靠绑，然后泊位护木给橡胶靠绑以支撑力。由于橡胶靠绑的分段设置，船体入泊后，从各个橡胶靠绑的间隙可以看到船体水尺的刻度。

图 2 - 11　泊位护木

（二）缆桩

缆桩是岸边设置的桩，用来供停船时拴缆绳，又叫系船柱、系船桩等，如图 2 - 12 所示。其按材质一般可分为铸铁系船柱和铸钢系船柱。

图 2 - 12　缆桩

二、前缆绳、前拽绳和后缆绳、后拽绳

（一）前缆绳、前拽绳

缆绳具备抗拉、抗冲击、耐磨损、柔韧轻软等特性，是用于系结船舶的多股绳索。系在船头的为前缆绳、前拽绳，如图 2 - 13 所示。

图 2 - 13　前缆绳、前拽绳

（二）后缆绳、后拽绳

系在船尾的为后缆绳、后拽绳,如图 2 - 14 所示。

图 2 - 14　后缆绳、后拽绳

三、安全网、工属具

（一）安全网

安全网是在高空进行建筑施工、设备安装或技艺表演时,在其下或其侧设置的起保护作用的网,以防因人或物件坠落而造成事故。其一般用绳索等编成,如图 2 - 15 所示。

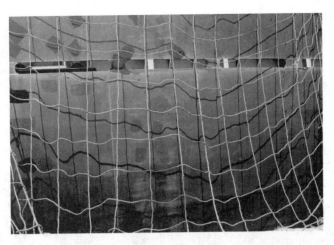

图2-15　安全网

（二）工属具

工属具是指完成某个完整的工艺过程所需的机械工具。例如,在港口装卸过程中,为完成不同的装卸工艺应用不同类型的工属具。如图2-16所示为卷装货工属具。

图2-16　卷装货工属具

四、场桥、岸桥、门式起重机

（一）场桥

场桥是港口行业的俗称,准确的名称是轮胎式集装箱门式起重机。轮胎式集装箱门式起重机是集装箱货物进行堆码作业的专用机械。它由门形支架、动力传动系统、起升机构、大车运行机构、小车运行机构及伸缩式吊具等组成。装有集装箱吊具的行走小车沿主梁轨道行走,进行集装箱装卸和堆码作业,轮胎式行走机构可使起重机在货场上行走,并可做90°直角转向,从一个货场转移到另一货场,作业灵活。如图2-17所示为场桥。

图 2 - 17　场桥

（二）岸桥

岸桥又称岸边集装箱起重机、桥吊，是用来在岸边对船舶上的集装箱进行装卸的设备，如图 2 - 18 所示。

图 2 - 18　岸桥

（三）门式起重机

门式起重机是桥式起重机的一种变形，又叫龙门吊，主要用于室外各类货场货物的装卸作业，如图 2 - 19 所示。门式起重机具有场地利用率高、作业范围大、适应面广、通用性强等特点，在港口货场得到广泛使用。

图2-19　门式起重机

五、叉车、装载车、拖车

（一）叉车

叉车是工业搬运车辆,是对成件托盘货物进行装卸、堆垛和短距离运输作业的各种轮式搬运车辆,如图2-20所示。国际标准化组织称为工业车辆。常用于仓储大型物件的运输,通常使用燃油机或者电池驱动。

（二）装载车

装载机是一种广泛用于公路、铁路、建筑、水电、港口、矿山等建设工程的土石方施工机械,俗称铲车,如图2-21所示。它主要用于铲装土壤、砂石、石灰、煤炭等散状物料,也可对矿石、硬土等进行轻度铲挖作业,换装不同的辅助工作装置还可进行推土、起重和其他物料(如木材)的装卸作业。

图2-20　叉车

图2-21　铲车

（三）拖车

拖车是一种用来拖运汽车的一种车,由底盘、起重装置、托举牵引装置、液压系统、电控系统、车体与工具箱等组成,具有起吊、拽拉和托举牵引等多项功能,适用于高速公路、城市道路的清障作业。而港口中拖车的主要作用是运输集装箱,如图2-22所示。

图2-22　拖车

第三节　码头业务术语

一、船舶吨位

船舶吨位是以容积为计算依据,也叫丈量吨,包括净吨位和总吨位,主要用于收费、税收等。

二、船舶载重量

船舶所载货物、旅客、行李、燃料、物料、水及消耗品的总重量叫船舶载重量,包括总载重量和净载重量。

三、满载吃水

船舶满载时,在船长中点处,从平板龙骨上缘至夏季载重水线的垂直距离为满载吃水。

四、船舶艏吃水

自船首垂线与平板龙骨顶线的交点至载重水线的垂直距离为船舶艏吃水,如图2-23所示。

图2-23　船舶艏吃水

五、船舶艉吃水

自船尾垂线与平板龙骨顶线的交点至载重水线的垂直距离为船舶艉吃水,如图2-24所示。

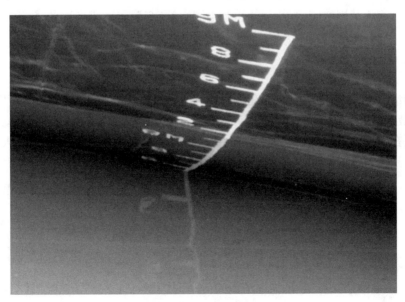

图2-24　船舶艉吃水

六、船舶平均吃水

船舶艏吃水和船舶艉吃水的平均值为船舶平均吃水。

七、抢水

由于港口的码头水深与船舶实际吃水有较大差距,为保证船舶安全,港口安排船舶在高潮时及时抢装抢卸,在低潮到来之前装毕开航或卸货至船舶吃水小于码头水深,使船舶处于安全状态,这项作业即为抢水作业。

八、船舶稳性

船舶受到外力作用时,必然会产生倾斜(横向或纵向),当外力作用消失,又恢复原来正浮状态。船舶这种恢复正浮的能力叫船舶稳性。

九、货物积载因数、舱容系数

货物积载因数指每吨货物所占有的体积。
舱容系数指每一净载重吨所具有的货舱容积。
一般把货物积载因数大于船舶舱容系数的货物称为轻货,反之称为重货。
两者关系:当舱容系数与货物积载因数相等时,船舶满仓满载(轻重货物搭配得当);当舱容系数小于货物积载因数时,则船舶能满舱不能满载(全装轻货或轻货多、重货少);当舱容系数大于货物积载因数时,则船舶能满载不能满舱(全装重货或重货多、轻货少)。

十、滞期费和速谴费

在租船情况下,如果承租人未能在他向船舶所有人保证的装卸时间内,将货物全部装卸完毕,超过装卸时间,按照租船合同规定,承租人必须支付一项罚金,这项罚金就是滞期费。如果承担人在约定的装卸时间之前,提前结束装卸作业,船舶所有人要向租船人支付奖金,这项奖金就是速遣费。通常速遣费是滞期费的一半。

第三章

码头公司生产业务流程

在港口基层码头公司的生产业务中,生产能力是由码头泊位及相应的装卸能力、库场堆存能力和疏运能力共同组成的。在这三大业务中,主要体现以下部门的业务工作,即货运计划部门、生产调度部门、仓库理货部门。具体工作程序如下。

货运计划部门的业务基本流程(见图3-1)是:根据本部门市场开发的货源情况,依据船代舱单编制进出口货运计划和船舶配积载图,分发给生产调度部门和仓库理货部门;每日反馈这两大部门的装卸、堆存、票据信息。

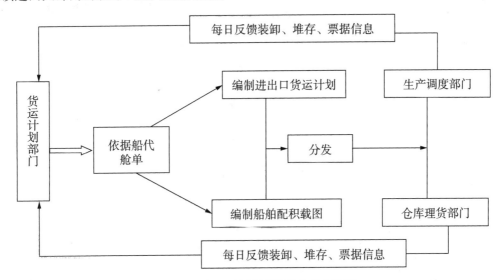

图3-1 货运计划部门的业务基本流程

生产调度部门的业务基本流程(见图3-2)是:生产调度部门依据船舶配积载图安排装卸和机械;制定工班作业票,给装卸和机械部门的值班队长;值班队长在班前会上依工票派人、领工具、派车进入现场配合理货员作业。

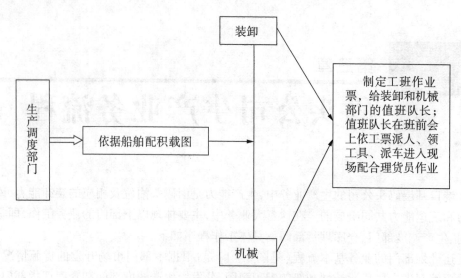

图 3-2　生产调度部门的业务流程

仓库理货部门依据船舶配积载图和相关单据,制订日工作计划;由值班库长根据计划安排理货员上岗作业;在理货作业中,理货员要依据货主唛单或发货单进行验货、验单、堆垛、装船、点数、提货等业务工作。

总体上,码头公司生产业务流程如图 3-3 所示。

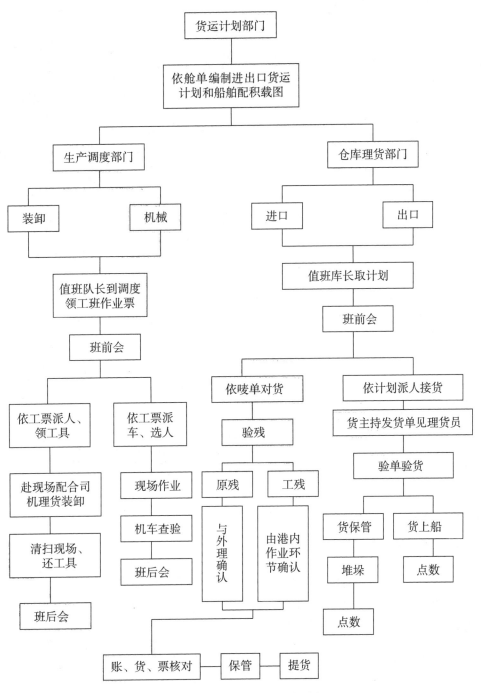

图3-3 码头公司生产业务流程

第二篇
港口理货业务

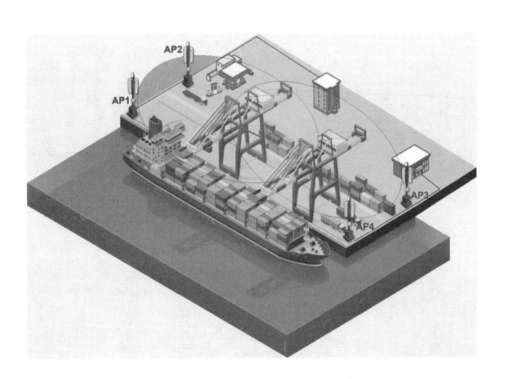

第四章

港口库场业务管理

第一节 港口库场业务流程

港口库场业务程序的良好运转是搞好港口生产的前提和保证。因此,港口库场业务工作在港口基层码头公司生产中具有重要作用。库场业务程序主要包括:出口库场货运工作程序、进口库场货运工作程序。

一、出口库场货运工作程序

出口库场货运工作程序如图4-1所示。

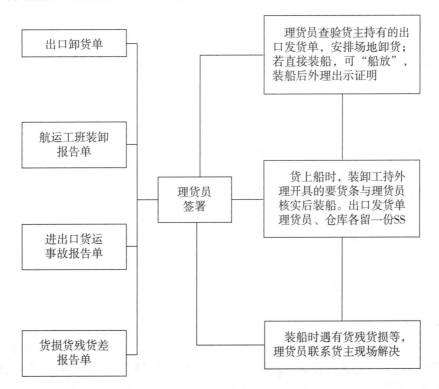

图4-1 出口库场货运工作程序

（一）起运港作业受理

作业委托人或其代理人与港口基层码头公司的市场部门进行协商，达成一致后，签订港口货物作业合同。

港口基层码头公司的货运计划部门依据港口货物作业合同，编制港口作业发票、港口作业单。

港口作业发票、港口作业单一式七联，第一联是港口作业发票（计费存查联），即发票存根，由计费部门存查；第二联是港口作业发票（发票联），交作业委托人；第三联是港口作业发票（财务结算联），由作业单位财务记账；第四联是港口作业单（装船入库联或卸船提货联），对于装船货物作为入库联，对于卸船货物作为提货联，货方收到货物后，应对收到的货物在该联上签字确认；第五联是港口作业单（现场作业联），用于仓库批注货物现场作业、堆存等情况，是计收港口费用的依据；第六联是港口作业单（作业委托人存查联），货方将装船货物交付港口后，港口仓库经办人应对收到的货物在该联上予以签字确认；第七联是港口作业单（港口经营人存查联），由港口货运主管部门留存。

在港口作业实务中，作业委托人可能是托运人、承运人、出租人、承租人、实际承运人、收货人等。一般是基于运输合同或贸易合同中当事人的约定，根据约定来明确由谁负责订立港口作业合同、支付作业费用。

作业委托人应及时办理港口、海关、检验、检疫、公安以及其他货物运输和作业所需的各种手续，并将已办理的各种手续单证送交港口基层码头公司的货运计划部门。有特殊保管要求的货物，作业委托人应当与港口经营人约定货物保管的特殊方式和条件。

（二）货物入库的准备

作业委托人或其代理人向港口基层码头公司的货运计划部门送达港口作业单。对货物入库事宜达成一致后，双方各自做货物入库的准备。

港口库场理货部门入库前的准备工作具体如下。

① 落实货物的入库方式（水路、铁路、公路），初步确定港口作业方案。

② 落实船舶的受载日期，确定货物的入库时间。

③ 落实船、货衔接情况，确定是通过港口库场装船还是直接装船。

④ 落实货物的数量、包装、性质以及船舶的初步配置方案，原则确定货物的入库顺序、堆码方式及货物的堆码位置。

⑤ 落实货物的质量要求。

⑥ 建立货物入库记录。

（三）货物入库的实施

1. 货物的验收

① 对作业委托人送交的港口、海关、检验、检疫、公安以及其他货物运输和作业所需的各种手续进行检验。这种查检义务只限于形式上的查检而非实质的审查，主要是各种手续与证明文件是否齐备，有关文件上是否有主管部门核准的印章等。

② 查验作业委托人交付货物的名称、件数、重量、体积、包装方式、识别标志是否与作业

合同的约定相符。

③ 需要具备运输包装的作业货物,港口经营人应当检查货物的包装是否符合国家规定的包装标准。没有包装标准的,作业委托人应当在保证作业安全和货物质量的原则下进行包装。

④ 港口与作业委托人应当按约定的交接方式对货物进行交接,交接过程中发现的货物损坏、污染、灭失、单货不符等情况,双方共同编制货运记录。如果港口在接受货物时没有对货物的数量和质量提出异议,视为作业委托人已经按照约定交付了货物。

⑤ 在港口经营人已履行《港口货物作业规则》中规定义务的情况下,因货物的性质或携带虫害等情况,需对库场或货物进行检疫、洗刷、熏蒸、消毒的,应当由作业委托人负责,并承担相关费用。

2. 货物的堆码

堆码时要根据货物的性质确定合理的堆放位置,主要考虑货物的安全性、货物的互抵性;整票货物集中堆码、集中管理等。

货物堆码的原则:规格不一的货物堆码双联或单联垛型,同规格的货物堆码成组、多联等垛型。

3. 台账编制

① 根据当日货物入库数量,编制货物入库记录。

② 根据货物入库记录编制单船货物货位图。

4. 货物的签收

一票货物入库验收完毕,港口仓库经办人应当在港口作业单第六联对收到的货物予以签收,签收后的作业单作为港口经营人收到货物的收据由作业委托人留存。

(四) 货物的装船

1. 内贸货物的装船

① 根据货物交接清单的记载确认装船货物的名称、件数、标志、包装、吨数、票数、规格等。

② 与船方约定装船货物的交接方式,并按约定的货物交接方式进行货物的交接。

③ 如在装船过程中发现货物损坏、灭失、单货不符等情况,双方共同编制货运记录。

④ 每工班作业结束,港船双方共同对当班发生的货物装船数量进行签认。

⑤ 每工班作业结束,港口理货员应在货物垛位图上核销当班装完的货垛,填写单船货物作业进度台账,未尽事宜交给下一班理货员。

⑥ 全船货物装船完毕,港船双方共同在货物交接清单上对所装货物的数量及质量予以签章确认。签章后的货物交接清单是船方按货物交接清单"实装"栏和"状况"栏上记载的数量和质量接收货物的证明。船方按此签发运单。

⑦ 如货物直取装船,且货物由作业委托人与船方直接交接,此时船方签发的运单同时视为是船方向作业委托人签发的货物收据。

⑧ 货物入库和装船过程中编制的货运记录应交给船方,随货同行。

2. 外贸货物的装船

① 根据出口货物装货清单的记载确认装船货物的名称、件数、标志、包装、吨数等。

② 与外轮理货部门约定装船货物的交接方式,并按约定的货物交接方式进行货物的交接。

③ 如在装船过程中发现货物损坏、污染、灭失、单货不符等情况,外轮理货部门编制现场记录,港口理货员予以确认。

④ 每工班作业结束,港口与外轮理货部门共同对当班发生的货物装船数量进行签认。

⑤ 每工班作业结束,港口理货员应在货物垛位图上核销当班装完的货垛,填写单船货物作业进度台账,未尽事宜交给下一班理货员。

⑥ 全船货物装船完毕,港口与外轮理货部门共同核对、确认装船货物数量和质量并签章确认。

⑦ 如货物直取装船,原则上由作业委托人与外理部门直接进行交接。

二、进口库场货运工作程序

进口库场货运工作程序如图 4-2 所示。

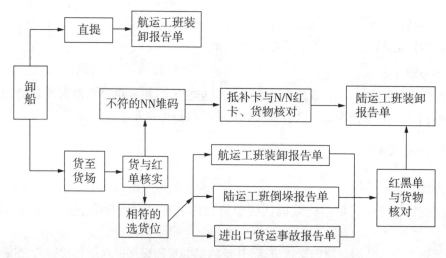

图 4-2 进口库场货运工作程序

(一) 到达港作业受理

作业委托人或其代理人与港口经营人进行协商,达成一致后,签订港口货物作业合同。

(二) 到达港提货手续受理

1. 内贸货物提货手续受理

货物接收人持水路货物运单到港口办理货物提货手续;港口经营人要核对证明货物接收人单位或身份以及经办人身份的有关证件,无误后港口货运主管部门依据港口货物作业合同和运单编制港口作业发票、港口作业单;港口理货员依据载明的有关内容接收和交付货物。

2. 外贸货物提货手续受理

货物接收人持提货单(小提单)到港口办理货物提货手续;港口经营人要核对证明货物接收人单位或身份以及经办人身份的有关证件,无误后港口货运主管部门依据港口货物作业合同和提货单(小提单)编制港口作业发票、港口作业单;港口理货员依据载明的有关内容接收和交付货物。

(三) 货物的卸船准备

港口经营人卸船前的主要准备工作如下。

① 根据船舶预报和港口作业单记载内容,指定卸船的泊位,初步确定港口作业方案。

② 将港口卸船计划通知作业委托人和货物接受人,商定货物卸船后是进入港口库场还是卸船直取。

③ 落实货物的出库方式(公路、水路、铁路),以及各种出库方式的数量和进度。

④ 根据货物的数量、包装、性质以及船舶的积载方案,确定货物的堆码方式及堆码位置。

⑤ 落实货物的质量要求,如属易损或操作难度较大的货物,要通知货物接收人做好监卸准备。

⑥ 建立货物卸船及货物出库台帐。

(四) 货物的卸船

1. 内贸货物的卸船

① 与船方交接随货同行的货运单证,并进行单证核对。

② 根据货物交接清单和运单的记载确定卸船货物的名称、件数、标志、包装、吨数、票数和规格等。

③ 双方约定卸船货物的交接方式,并按约定的货物交接方式进行货物的交接。

④ 卸船过程中发现货物损坏、灭失、单货不符等情况,双方应共同编制货运记录。

⑤ 工班作业结束,港船双方共同对当班发生的货物卸船数量进行签认。如果双方对卸船数量发生争议,应立即进行复核,并在复核的基础上进行签认。

⑥ 工班作业结束,港口理货员填写单船货物作业进度台账,并编绘单船货物垛位图,未尽事宜交给下一个工班理货员。

⑦ 全船货物卸货完毕,港船双方共同在货物交接清单上对所卸货物的数量及质量予以签章确认。签章后的货物交接清单是港口经营人按货物交接清单"实卸"栏和"状况"栏上记载的数量和质量接收货物的证明。港口经营人按此交付货物。

⑧ 如货物卸船直取,且货物由货物接收人与船方直接进行交接,货物接收人收到货物后,应当在其持有的一联运单上签认。签认后的该联运单作为货物接收人收到货物的收据交给船方留存。

⑨ 货物入库和装、卸船过程中编制的货运记录由到达港港口经营人予以留存,随货同行。

2. 外贸货物的卸船

① 根据进口货物载货清单的记载确认卸船货物的名称、件数、标志、包装、吨数、票数和

规格等。

② 约定卸船货物的交接方式,并按约定的货物交接方式进行货物的交接。

③ 在卸船过程中发现货物损坏、污染、灭失、单货不符等情况,理货部门编制现场记录,港口理货员予以确认。

④ 每工班作业结束,港口与理货机构共同对当班发生的货物卸船数量进行签认。如果双方对卸船数量发生争议,应立即进行复核,并在复核的基础上进行签认。

⑤ 每工班作业结束,港口理货员填写单船货物作业进度台账,并编绘单船货物垛位图,未尽事宜交给下一个工班理货员。

⑥ 全船货物卸船完毕,港口与理货机构共同核对、确定卸船货物的数量和质量并签证。

⑦ 如货物卸船直取,原则上由作业委托人与理货机构直接进行交接。

(五) 货物的交付

① 建立单船货物出库记录。

② 向货物接收人提供港口所接收货物的具体数量和质量情况及随货同行的货运记录和普通记录。

③ 货物接收人将一票货物一次性提取的,理货员凭港口作业单提货联办理货物的出库。分批次提取的,凭货物接收人开具并签章的提货单办理货物的出库。

④ 在货物出库过程中,发生货物损坏、灭失等情况,双方共同编制货运记录。如果货物接收人在接收货物时没有就交付货物的数量和质量提出异议,视为港口已经按照约定交付了货物。

⑤ 货物接收人按提货单记载货物数量出库完毕,提货方应在提货单上予以签认。

⑥ 在货物出库过程中,根据货物动态及时调整垛位图,并填写单船货物出库记录。

⑦ 每票货物出库结束后,货物接收人应在港口作业单第四联对收到的货物予以签收,签收后的作业单作为货物接收人收到货物的收据由港口经营人留存。

⑧ 港口经营人在已履行《港口货物作业规则》中规定义务的情况下,因货物的性质或者携带虫害等情况,需对库场或货物进行洗刷、熏蒸、消毒的,应当由作业委托人负责,并承担相关费用。

⑨ 作业委托人或货物接收人应当在约定或规定的期限内接收货物,否则港口可以依照有关规定将货物转储存,有关费用和风险由作业委托人承担。

第二节　库场日常管理

一、库场日常工作

(一) 库场日常管理工作

港口基层码头公司库场日常管理工作,简而言之主要有两方面内容。

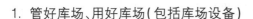

1. 管好库场、用好库场(包括库场设备)

要管好库场、用好库场,就必须随时掌握货物进出库场和堆放情况,合理使用库场,压缩货物在库场堆存期,加速库场周转,扩大库场通过能力。

2. 管好货物、运好货物

管好货物的目的在于运好货物,库场的一切生产活动都是为了运好货物。因此,在库场日常管理工作中,应以提高货运质量为主要目标。

库场日常业务工作包括以下内容。

(二)库场日常业务工作

1. 货账管理

货物进出库场,要保持原来的数量和质量,这是库场的基本职责。要了解货物在收发保管过程中的数量和质量,库场必须建立相应的台账,做到有货有账、货账相符。台账的内容应包括进出口船名、航次日期、交接单(或运单、舱单、提单)号码、货名、标志、件数、重量(体积)、到发港和收发货人等。

货物进库应填写进库台账。台账应与进库货物的数量、质量及进库过程相吻合。如果发现数量、质量、包装、标志等不符,应按规定程序予以更正或采取措施,并及时汇报。货物出库应按日期分批在台账上注销,直到每票货物出清为止。每票货物应有专人管理,每日应对货物的进出及库存情况与台账进行逐票核对,做到货、账相符;如货账不符,应及时查清。

2. 货物的收发保管

做好货物的收发保管工作是确保货物数量和质量的重要一环,也是对库场人员工作的基本业务要求。库场货物的收发工作包括两个方面的内容:一是数量上的准确;二是质量上的查验。库场货物的保管,就是要确保货物在进出库整个过程中货物原始状态和理化特性不发生变化。

为了使货物收发准确无误,保管完整无损,库场人员除要强化工作责任心,严字当头,一丝不苟,并采取各种防范措施,确保货物安全以外,还应经常不断地研究和改进库场货运作业制度和方法,建立和完善货物收发保管制度,实行科学管理。

二、地脚货物、无法交付货物的管理

所谓地脚货物是指港口经营人在交付货物后,经打扫而收集到的作业后残留货物。这些货物虽然可能数量并不大,但从性质上讲,所有权是属于货主的,所以应当尽可能地将收集的货物予以区分,做到物归原主,切实履行好交付义务。确实无法确定货主或不能交还货主的,应当按无法交付货物的相关规定或国家其他有关规定办理,但是不能将货物留归自己所有。

货物接收人逾期不提取货物的,港口经营人应当每 10 天催提一次。满 30 天货物接收人不提取或找不到货物接收人,港口经营人应当通知作业委托人,作业委托人在港口经营人发出通知后 30 天内负责处理该批货物。作业委托人未在规定期限内处理货物的,港口经营人可以将该批货物作无法交付货物处理,按照国家经济委员会《关于港口、车站无法交付货物的处理办法》规定的处理程序对货物进行处置。

港口经营人交付货物的情况符合《中华人民共和国合同法》第一百零一条规定的条件时,港口经营人可以根据《中华人民共和国合同法》的规定将货物提存。

三、库场人员的工作交接

库场人员的基本业务是理货工作,理货工作与装卸作业是同时进行的,因此它和装卸作业一样,具有昼夜连续作业的性质。库场理货工作应保持良好的连续性,才能密切配合装卸作业的持续进行。因此,加强库场理货交接班工作,对装卸作业持续进行、防止货运事故、提高货运质量都具有十分重要的意义。

交接班就是一个工班的工作结束和另一个工班的工作开始间的交替过程。在这个交替过程中,库场理货人员应做到工作不清不交,情况不明不接,一般不准代交代接或用便条方式进行交接。交接双方的责任划分界限为交前由交方负责,接后由接方负责。交班者应把上级交办的任务、当前工作的情况、有待解决的问题或尚未完成的任务以及对下一工班工作的建设性意见等情况介绍清楚。接班者必须提前到现场主动向交班者了解情况,认真听取交班者的情况介绍,对情况不明、资料不全、遗留问题不清的要当面询问明白。如有争议,交接双方应向上级汇报并当时解决。交接班应采用现场、口头、书面三结合的方法,接班者未到,交班者不得擅自离开工作岗位。为了搞好交接班工作,交接双方都应发扬团结协作、互相帮助、互相谅解的精神。

第三节 件杂货库场管理

一、件杂货库场货位的设置

港口库场的面积一般都很大,进、出货物川流不息,几乎时常处于变动状态。库场管理者不可能随时记住每票货物存放在库场的哪个位置。再者,不将库场划分区块,并编明标号,在编制堆存计划时就很难表述清楚货物将堆放的确切位置。这样必然会因为库场管理者在货堆中寻找货物而延长了入库、出库作业时间,可能造成机械在仓库门口排长队,阻塞库内通道和库外道路的混乱状况,致使装卸船作业时间延长。如果将库场合理地划出通道和堆货位置,并将堆货位置依次编明号码,库场管理者根据记录的货物堆存货位号,就能在任何时间很快找到货物堆放的位置,运输机械可迅速地开向正确方向。所以设置库位可以提高库场进、出货物的效率,缩短收货、发货作业时间,减少差错。

规划货位图首先应考虑通道的分布。通道的分布要能使装卸运输机具到达库场的每一部分,通道的宽度要满足机具的安全移动。然后考虑墙距和柱距的要求,最后进行货位的布置。

货位的布置既要紧凑,以充分利用仓容,又要使货位与货位之间保留一定的间隔,间隔的宽度要能容人进入,以便理货、检查。

货位规划好以后,按规划图在库场地面设置鲜明的货位标记线,并依次编好货位号,货物必须都堆放在货位标记线内。

编制堆存计划时要注意货位的面积必须与计划堆放货物所需的面积相匹配,避免面积不够而将一票货堆放在远离的几个货位。同一货位如果要计划堆存几票进口货时,因货垛之间必须留出理货计数和交付提货的间隔,所以需占用的货位面积要大一些,即必须考虑到小票货物堆放时仓容亏损的因素,以免发生在计划的面积内放不下该堆存的货物的情况。如图4-3和4-4所示为两种不同的库场货位分布图。

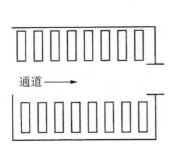

图4-3　库场货位分布平面图①

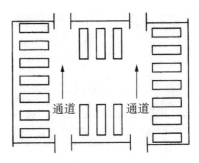

图4-4　库场货位分布平面图②

二、件杂货堆码标准化

货物进入港口库场,一般都需要堆码,在露天堆放的货物有的还要苫盖。采用正确的货物堆码、苫盖方法,不仅可以保证货物安全、垛数准确,而且也能够提高库场面积的有效利用率,保持良好的文明生产水平。

(一) 货物堆码的要求

货物在库场的堆码必须遵照以下标准和要求。

① 码垛整齐牢固、成行成线,做到标准化;成组货物定量上垛,能点清关数,不成组货物能点清件数。

② 按单堆码,标志朝外,箭头朝上;重货不压轻货,木箱不压纸箱,残损另堆。

③ 露天堆放时,怕湿货物要垫盖良好,不露不漏,捆绑牢固。

堆垛时应注意不超过库场的荷重使用定额,除注意留出通道外还需注意留出"六距",即墙距(内墙距、外墙距)、灯距、垛距、柱距、消火栓距和电源开关距。

港口库场管理人员要指导工人堆垛,堆垛时应掌握先里后外、先算后堆的原则;堆垛时要考虑到出货的方便,不同票的货不相压、大票货不围小票货等情况;要根据不同货物的性质、包装形式进行货物的堆码;有包装储运指示标志及危险品标志的货物要按其要求堆码。

(二) 堆码的垛型

垛型是指货物堆码后形成货垛的形状。确定垛型要考虑货物的理化性质、批量大小、规格尺寸、保管场所(仓库或货场)以及库场面积、作业机械、保管时间等因素,常见的垛型主要有以下几种。

1. 平台垛

此类垛型呈长(正)方体,垛顶呈平面,每层件数相同。采用重叠法或纵横压缝法堆垛。

这种垛型适用于在库内堆码同规格的箱装货物、成组货物等。其优点是货垛整齐、数字易于清点、占用面积少;缺点是采用重叠法堆码的垛型不够稳固,不能堆得太高。

2. 起脊垛

起脊垛是先按平台垛堆码,待堆到一定层数后再开始压缝起脊(两面逐步收),直到顶部收尖成屋脊形。

这种垛型多用于露天,用于堆码同规格的袋装货物、箱装货物、成组货物等。其优点是覆盖篷布后易排泄雨水,防止货物遭到湿损;缺点是拆关堆放的货物较难清点出货物的件数。

3. 行列垛

行列垛是将每票货物排列成行,适用于一票货物件数不多、包装形状各异的零星件杂货。堆垛方法以单件或多件货物为底进行重叠堆垛,每票堆成一列或数列的小货垛。为防止差错,常一票一垛。垛与垛之间留出一定间隔。

这种垛型适用于在仓库进行件杂货堆码。其优点是便于出货、分票、计数;缺点是垛底面积少,不能堆高,且垛距较多,有效面积浪费较大。

4. 宝塔形垛

宝塔形垛是将底层货件按圆形打底整齐排列后,从垛底向上每层压缝堆码,使货垛呈现出下大上小的宝塔形状。

这种货垛适用于包装松软、光滑或货物外形不易按重叠方法堆垛的货物。其优点是堆垛稳固;缺点是库场面积利用率低,较难清点。

5. 梯形垛

梯形垛是将底层货件按长方形打底整齐排列后,从垛底向上每层减数压缝堆码,即将上层的每件货物压在下层的两件货物之间,即收长不收宽或收宽不收长,货垛两面呈梯形或三角形。

这种垛型适用于库内外横卧或直立的桶(筒)装货物。其优点是垛型较稳固,易于点数;缺点是库场面积利用稍差。横放桶(筒)堆码时,底层两端必须是用垫木垫紧以防滚动。

6. 井形垛

井形垛是将货件一层横一层纵地堆码,每层件数相同或每两层件数相同,从垛顶俯视呈井字状。

这种垛型适用于成型的钢材、木材等长形货物。其优点是垛型稳固,易于堆高,且便于计数;缺点是操作复杂,场地面积要求较大。在堆码井形垛时,必要时每层要在两端用垫木垫牢,并用绳子捆扎,以防滚动。

(三) 货垛的定量

货垛的定量是指确定货垛内货件的数量,是货垛标准化的主要内容之一。它的确定除要考虑货垛的垛型外,还要考虑以下因素。

① 可利用库场的面积和货台的尺寸。

② 货物的包装形式及包装质量,货物的规格尺寸。

③ 库场内的净空高度,以及堆高机械的起升性能。

④ 库场单位面积的荷重使用定额和荷重技术定额。

⑤ 货物转运的方式。例如,货物火车转运,为保证装车数字的准确,单垛定量为 60 t 或者为 60 t 的倍数。

三、件杂货码头库场管理信息系统

长期以来,我国件杂货码头的管理与装卸方式技术落后,无法满足现代物流信息化的要求。新型的件杂货码头库场的日常管理是将可视化手段应用于件杂货散货码头生产过程管理中,并在系统规划与实施中应用数据融合与共享的思想。码头管理和业务人员利用系统提供的可视化码头区域电子地图,可以及时制订货物进场计划、安排机械的动态调度;准确查询货物堆存情况,及时与货主联系进出计划;利用系统生成的各种数据,为每天的生产调度提供装卸现场的实时信息,以及时制订更快捷、高效的生产计划等。

以件杂货码头业务流程重组为基础,利用计算机技术、网络技术、数据库技术,以可视化的形式控制和集成码头生产物流活动中的所有信息,实现码头内外部信息的共享和利用。遵循件杂货码头的生产管理特点,以堆场为核心,将涉及从货物进场计划到最终货物落位,以及货物出场的一系列生产环节用计算机统筹管理起来,高效准确地处理货物与货位的对应关系,方便各个部门的人员对货场信息的获取和处理。除了存货管理外,系统还将调度计划、机械配工计划、舱单查看、船舶动态等信息合理整合,将信息动态管理涵盖所有生产业务部门。

第四节　集装箱堆场管理

一、集装箱码头堆场管理的一般方法

集装箱码头堆场管理主要有堆场的堆垛规则、堆场的分类及箱位的安排。堆场管理是码头生产管理的一个重要环节。码头要保证船舶如期开船,就必须提高码头装卸速度,而装卸速度的提高很大程度上取决于码头堆场箱区、箱位安排的合理性。合理安排箱区和箱位,不仅能减少翻箱率,减少堆场龙门起重机等箱的时间,提高码头装卸速度,而且还能最大程度地提高码头堆场利用率和码头通过能力,降低码头生产成本。

(一) 堆场堆垛规则

堆场堆垛的基本规则就是保证集装箱堆放安全,减少翻箱率。工艺不同、集装箱的尺寸不同、集装箱装载的货种不同,导致堆垛方式的不相同。以下主要介绍按工艺分类、按箱型状态分类时几种基本的堆垛规则。

1. 轮胎式龙门起重机作业的堆垛规则

(1) 场箱位的编码方式

集装箱堆放在码头堆场,一般都要用一组代码来表示其在堆场内的空间位置,这个位置

就是堆场位置,又称场箱位。它是组成集装箱堆场的最小单元。

场箱位由箱区、位、排、层组成(见图4-5)。箱区的编码分为两种,一种是用英文字母表示,由一个或两个字母组成;另一种是用数字来表示,一般由两位数字组成,其中第一位表示码头的泊位号,第二位表示堆场从海侧到陆侧后方堆场的顺序号。国内码头普遍采用一位字母或两位数字作为箱区的编码。位的编码用两位数字表示,一个箱区由若干个位组成。由于一个40′箱占用2个20′箱的位置,因此,一般用奇数表示20′箱的位,用偶数表示40′或45′箱的位。排和层用一位数表示。因此,集装箱的场箱位一般由5位或6位表示。例如,A0111表示该箱在A箱区01位第一排第一层;210111则表示21箱区01位第一排第一层。

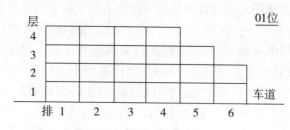

图4-5 场箱位编码

在码头设计建造时,箱区的长度往往与泊位的长度相对应,而宽度则应视轮胎式龙门起重机的跨度而定,一般箱区的排数为6排。堆箱层数是视轮胎起重机的高度而定,不同类型的轮胎式龙门起重机系统,堆垛高度也不相同,一般是4层或5层。

(2)箱区的高度与轮胎式龙门起重机的起吊高度的关系

堆三过四的轮胎式龙门起重机,一般堆3层高,箱区最高限度堆4层。堆四过五的轮胎式龙门起重机,一般堆4层高,箱区最高限度堆5层。

原则上,堆三过四的轮胎式龙门起重机不能进入堆四过五的轮胎式龙门起重机堆放的箱区作业。

(3)安全要求

轮胎式龙门起重机作业区域,若是堆三过四的轮胎用箱区,第6排应比其他排少堆一层;若是堆四过五的轮胎用箱区,则第6排应堆2层,第5排应堆3层。

集装箱进场选位时,应充分考虑堆放的安全系数。相邻排孤立的层高之差不得大于3。各箱区之间要留有合适的通道,使集装箱卡车、铲车等机械能在堆场内安全行驶。

2. 不同箱型的堆垛规则

(1)基本原则

① 重、空箱分开堆放。

② 20′、40′和45′集装箱分开堆放。

③ 冷藏箱、危险品箱、特种重箱成堆放在相应的专用箱区。

④ 进口箱和出口箱分开堆放。

⑤ 中转箱按海关指定的中转箱区堆放。

⑥ 出口重箱按装船要求分港、分吨堆放。

⑦ 空箱按不同持箱人、不同的尺码、不同的箱型分开堆放,污箱、坏箱分开堆放。

⑧ 重箱按堆场载荷要求堆放。

（2）出口箱进场安排

出口箱进码头堆场堆放时，必须遵循一定的原则，使出口箱在配载装船时，能减少翻箱，提高装船效率。一般有以下几个原则。

① 按排堆放。同一排内，堆放同一港口、同一吨级的箱；但同一位内不同的排，可以堆放不同港口、不同吨级的箱。

② 按位堆放。同一位内，堆放同一港口、同一吨级的箱。

③ 按位、排堆放。同一位内，堆放同一港口、同一吨级的箱；而该位的同一排内，堆放相同港口、相同吨级的箱。

④ 在同一位中，较重的箱堆放于靠近车道的第二排，较轻的箱堆放在最里面二排，中间等级的箱堆放于较中间的排，且重吨级的箱可以压较轻吨级的箱。

⑤ 在多条路进箱时，有两种方式可选择。

a）根据集装箱卡车的车号判别交替进箱，如第一辆车进 A 区，则第二辆车进 B 区，依此类推。

b）先进 A 区，然后再进 B 区。

（3）进口箱进场安排

① 同一位中相同的提单号，进同一排。

② 一个位结束后，再选另一个位。

（4）空箱进场安排

根据持箱人、箱型不同，选不同进场位置。

（二）箱区的分类

集装箱堆场箱区按不同分类方法可以分为以下几种。

① 按不同的分类方法可分出不同的箱区。

② 按进出口业务可分为进口箱区和出口箱区。

③ 按集装箱货种可分为普通箱区、危险品箱区、冷藏箱区、特种箱区和中转箱区。

④ 按集装箱空、重箱可分为空箱区、重箱区。

危险品辖区、冷藏箱区因有特殊设备，如冷藏箱区有电源插座，危险品箱区有喷淋装置及隔离栏，所以该箱区是相对固定的。中转箱区虽无特殊设备，但因海关部门有特殊要求，因此该箱区也是固定的。码头箱管人员在安排箱区时，原则上各箱区应相对固定地堆放某一类集装箱。但也可以根据进出口箱的情况、码头实际堆存情况、船舶到港情况，以及船公司用箱情况，适当调整各箱区的比例。例如，当某一期间内进口箱量大于出口箱量，码头箱务管理人员可将部分出口箱区调整为进口箱区；而当船舶集中到码头，出口重箱箱量又大大增加时，码头箱务管理人员可将部分进口箱区或部分空箱箱区调整为出口箱区。码头箱务管理人员应灵活使用该办法，特别是在船舶集中到港，进、出口箱有较大的不平衡时，该办法可以在原有条件下最大程度提高码头堆场的使用率和码头堆场的通过能力。

（三）码头各类作业在集装箱进场时的堆场安排流程

1. 进口箱卸船进场

根据船代理提供的卸船船图或集装箱清单，遵循堆场堆垛规则安排场箱位。

2. 出口箱进栈进场

根据船代理提供的预配清单或工作联系单,登录卸货港、目的港,制定进栈分港分吨要求,堆场计划员遵循堆垛规则编制进场堆存计划表。

(四)集装箱码头堆场内的归位、并位、转位

归位是指码头堆场内箱状态发生变化后,从变化前的箱区,归入状态改变后的指定箱区的作业过程。例如,出口重箱退关后,箱状态由出口重箱变成退关箱,就需将该箱从出口重箱箱区归入退关箱区。

并位一般指同一堆场箱区同一箱位内,将零星分散的集装箱整理合并在一起的作业过程。一般由一台场内作业机械就可完成作业。

转位一般指同一堆场不同箱区间,或同箱区不同箱位间集装箱整理转移的作业过程。一般需两台场内作业机械及水平运输机械配合才可完成作业。

集装箱码头堆场内的归、并、转主要目的是为了提高堆场利用率,和提高箱区的作业效率,减少码头作业出差错的可能性,减少翻箱。其主要有以下几种情形。

① 在装船结束后,集装箱转入指定区域。

② 箱区内进行过提箱作业后,对零星的集装箱进行归并。

③ 根据客户申请的下昼夜提箱计划,可将此类要作业的集装箱转入一个箱区。这样可以在客户提箱时减少轮胎式龙门起重机频繁跨箱区移动。加快客户的提箱速度,合理使用轮胎式龙门起重机。轮胎式龙门起重机较少的码头应采取该办法。

④ 对完成拆箱提货作业后的空箱进行归并。

⑤ 提前进场的出口箱或中转箱,在装船前,按不同的卸货港进行归转作业。

(五)集装箱的疏港

集装箱码头堆场是运输过程中的周转性堆场,不能用作中、长期储存。码头为了保证船舶装卸作业的正常作业,保证堆场畅通,根据国家关于集装箱疏港的有关规定,结合码头实际堆场的情况,可将进口集装箱疏运至港外堆场。

二、集装箱码头空箱管理

集装箱进入码头堆场,码头就对集装箱有了保管的责任。码头要对堆放在码头堆场内的集装箱的安全负责。其中空箱的管理有其特殊的地方。集装箱码头的空箱管理主要分空箱进、出场管理和存场空箱管理。

(一)空箱进场管理

就码头而言,空箱进场有两种方式:空箱卸船进场和空箱通过检查口进场。

空箱卸船进场前,码头堆场计划员必须安排空箱堆存计划。该计划安排的原则为:空箱根据箱尺码的不同、箱型的不同,按不同的持箱人分开堆存。码头与船方必须在空箱卸船时办理设备交接单手续。

通过检查口进场的空箱主要有下列几种:一种为船公司指定的用于出口装船的空箱;一

种为进口重箱门—门拆箱后返回码头。在空箱进场前,码头堆场计划员必须安排空箱堆存计划。例如,为船公司指定用箱的,则根据不同的箱尺码、不同的箱型,按出口船名、航次堆放;为进口箱拆箱后返回码头堆场的,则按持箱人的不同分开堆放。空箱进检查口时,码头检查口与承运人必须办理设备交接单手续。

（二）空箱出场管理

码头空箱出场主要有两种方式:空箱装船出场和空箱通过检查口出场。

1. 空箱装船出场

一种为船公司指定的用于出口装船的空箱,另一种为装驳船的空箱。码头箱务管理员应根据代理出具的工作联系单、空箱装船清单或船公司提供的出口装船用箱指令安排装船空箱的用箱计划。码头配载计划员根据箱务管理员的用箱计划以及代理提供的场站收据,结合该船名航次的配载情况,选择全部计划空箱或部分计划空箱配船。凡该航次未能装船的空箱,箱务管理员应做好记录,以备下一航次装船之用。

2. 空箱通过检查口出场

① 门—门提空箱,主要是出口载货用空箱的提运,该空箱提运至集装箱装箱点进行装箱后,重箱即回运本码头用以装船出口。空箱门—门提离港区,货主或内陆承运人应向集装箱代理人提出书面申请。集装箱代理人根据出口集装箱预配清单向货主或内陆承运人签发出场集装箱设备交接单和进场集装箱设备交接单。货主或内陆承远人凭出场集装箱设备交接单向码头堆场提取空箱。

② 单提空箱,是指将空箱提运至码头外的集装箱堆场。单提空箱有多种情况,如船公司提空箱至港外堆场提退租箱等。码头箱务管理员应根据船公司或其代理的空箱提运联系单发箱,联系单上一般应写明持箱人、承运车队、流向堆场等,并注明费用的结算方法。

另外,因检验、修理、清洗、薰蒸、转运原因需向码头提空箱的。货方或内陆承运人应向集装箱代理人提出书面申请。集装箱代理人根据委托关系或有关协议向货方或内陆承运人签发出场集装箱设备交接单和进场集装箱设备交接单。货方或内陆承运人凭出场集装箱设备交接单向码头堆场提取空箱,码头凭代理的工作联系单发箱。

空箱出场时,码头应与船方或承运人做好集装箱设备交接单的交接手续。

（三）存场空箱管理

码头堆场存场空箱的基本堆放原则是按持箱人和箱尺寸的不同分开堆放。码头设有专用的空箱堆存箱区,一般可堆放 4 ~ 5 层空箱。一般码头内发生拆箱作业后,拆空的空箱应及时归并,并按堆垛要求堆放。

三、减少集装箱堆场倒箱的措施

由于堆场计划做得不好和码头不可控制的随机因素影响等原因,为了顺利实施装卸船计划或交货计划,堆场常会发生倒箱。倒箱也称倒柜、倒箱,是指根据装卸船计划和交货计划提取某集装箱时,该箱被其他集装箱压住或不便取箱,将其搬出放至适当的位置,以便装船或交货时能顺利地找到货箱,方便搬运,避免在装卸船作业和交货时再在场内倒箱作业,为提高作业效率打下基础。

(一)集装箱堆场倒箱的原因

在船舶抵港前几天,码头堆场收到公司或船代送交的船舶预配图后,按照预配图的要求,并根据码头堆场上集装箱的实际堆存情况,着手编制集装箱实配图,并制订集装箱装卸船计划和交货计划。为了顺利实施装卸计划和交货计划,提高效率,时常需要倒箱,船前倒箱产生的主要原因如下。

① 不同船名、航次的重箱混合进场,这与船公司的做法有很大关系。目前各船公司的做法是不管下一航次舱位是否够用,先把重箱收进场,然后根据情况给出船名、航次。这样就可能产生不走船的集装箱压走船的集装箱的不合理情况。为顺利进行装船作业,需将走船的集装箱取出,放至适当的位置,因此就发生了倒箱。

② 船公司临时改变某集装箱的航次或目的港。船公司根据航次订舱情况,编制挂靠港的集装箱预配图。码头根据预配图的要求和码头集装箱堆存情况,编制实配图,并做好装船的准备工作,安排好装船顺序。如果船公司突然通知集装箱码头改变某集装箱的航次或目的港,码头必须修改装船计划,导致部分集装箱必须倒箱。

③ 不同重量级的集装箱混合堆放。因为码头接收的重箱的进场是随机的,而且由于驾驶员报重和放行单上的重量可能有很大区别,从而导致轻箱压重箱,轻重箱混合在一起。为了保持集装箱船舶的稳性和纵向强度,充分利用集装箱船舶箱位,需在装船前倒箱,将重箱和轻箱分开,堆入时,重箱在上,轻箱在下,重箱在外,轻箱在内。

④ 为防止中途挂港船上倒箱。集装箱班轮航线中途挂靠港较多,根据集装箱船舶挂港顺序和集装箱到达各挂靠港的情况,考虑途中挂靠港的装卸情况,码头装船时,要防止产生后挂港集装箱压前挂港集装箱,堆场必须对集装箱按到港顺序进行调整,从而产生堆场倒箱。

⑤ 特殊箱型的重箱由于在船上有比较固定的位置,装卸作业前必须在堆场内单独堆放,以便于装箱,从而导致倒箱,如冷藏箱、危险箱、框架箱、高箱等。

进口重箱发放给收货人或内陆承运人时所产生的倒箱是比较常见的。尽管码头将货物预计到达的日期已通知了他们,他们也于船舶抵港前做好了收货准备,但他们前来码头提取集装箱是陆续的和任意的。因此,收货人提取重箱的顺序是随机的。如果先提取的集装箱被后提取的集装箱积压,自然会产生倒箱。

(二)倒箱的预防措施

① 出口重箱的进场是陆续的,集装箱码头在接取集装箱时,堆场计划员应以某一艘具体的班轮为参照对象,根据以往的经验,充分考虑和估计多个不同目的港的集装箱的大概数量、各装卸港的顺序等,估测船公司的预配方案和集装箱的装船顺序,以便在堆场中划定的区域内堆放多个不同目的港的集装箱。

堆场计划员制订堆场计划时应尽量考虑方便单船计划员制订快速的装卸船计划。单船计划员在制订装卸船计划时,应根据堆场的具体隋况。在不违反预配图的原则下,尽量弥补堆场计划员做堆场计划留下的不足或不可避免的误差,从而减少船前倒箱,达到快速装船、

节约成本的目的。

② 装船前制订堆场计划时，应将重点港与终点港的集装箱放在不同场地，因为重点港的箱量较大，在船上所占据的行位较多，在装船作业时一般先取。终点港的集装箱一般放在舱底，也是先取。集装箱班轮航线中途港挂靠较多，单船计划员应考虑途中挂港的顺序和各挂港的货源情况，尽量避免船上后挂港集装箱压前挂港集装箱，否则会产生船上倒箱，降低挂靠港装卸效率，延误船期，产生不良影响。

③ 船前堆场集装箱的堆放应注意同一卸港的集装箱堆放不能过分集中而不便于装船和卸船，同一货主的集装箱应尽量堆放在一起。根据货物的重量，堆场中重箱在上，轻箱在下，内堆轻箱，外堆重箱，装船时重箱先装，轻箱后装，以保持船舶稳性。对于特殊箱应单独堆放，特别是危险箱和高箱一般装在船舶甲板上，装船时间靠后，单独堆放，避免妨碍其他集装箱的装卸。

④ 码头堆场根据制订的卸船计划、堆场计划，从船上卸下的集装箱堆放时应注意将重箱和空箱分开堆放，是否要安排中转运输，是码头交货还是货运站交货。集装箱码头应及时通知收货人、货运站或内陆运输的承运人，加快进口重箱的提货速度。压缩进口停港时间，将进口空箱堆放在指定位置。在堆放面积允许的情况下，堆放时多占用场地，减少堆放层数，尽可能减少倒箱。

⑤ 实现管理方法的科学化，管理手段的现代化，重要的还是要提高管理人员的素质。在箱务管理现场设置专门机构，建立专业队伍，加强培训。对集装箱各航次的运量、流向、货物品种进行统计分析，编制各种统计分析报表。收集、整理、储存、分析与集装箱运输活动有关的各类信息，及时、准确地掌握集装箱运输的基本情况。

为了缩短船舶在港时间，卸船和装船往往需要同时进行，争取在最短的时间内将大量的集装箱顺利地装上或卸下。集装箱能否合理地安置在集装箱码头堆场内，除了会影响装卸船计划的执行外，还会影响交货计划的执行。倒箱是为提高作业效率、经济效益服务的。由于制订堆场计划的复杂性和码头不可控制的随机因素，倒箱还会存在，但随着管理的科学化和集装箱运输市场的规范化，倒箱会越来越少，并将降低至最低程度。

第五章

码头库场理货业务

第一节　理货实物载体操作业务

港口库场理货业务是指码头库场理货员与货方、船方及各类代理人之间的货类交接和由货物交接而形成的单证、票据的交接。

本节以货类实物为载体演示其交接操作业务,下一节将以单证为载体演示其交接操作业务。

一、货运交接

货物的交接,意味着货物数量、质量、责任、风险的接收与转移,故交接的基本原则为:交接前由交方负责,交接后由接方负责。

从宏观上看,货物交接分四次交接过程:发货人与起运港的交接;起运港与船舶的交接;船舶与到达港的交接;到达港与货物接收人的交接。

从微观上看(港口作业节点上看),货物交接按交接双方的身份可分为港口与船方间的交接、港口与货方间的交接、港口与理货机构间的交接、港口内部间的交接等。

(一)港口与船方间的交接

这种交接,是港口与船方按约定的方式在装卸船过程中对货物进行交付与接收,交付完毕后共同对交接货物的数量和质量等内容在有关货运单证上签认的过程。

这种交接所涉及的主要货运单证有货运交接清单和货运记录。货运交接清单主要对货物实际装/卸的数量和货运记录的编号进行记载;货运记录主要对在装/卸船过程中发现的货物损坏、灭失等情况进行记载。

对在港口直装、直提的货物,可以在港口经营人的掌管之下,原则上由货方和船方进行交接。

港、船之间交接手续办理完毕后,船舶方能开航。

(二)港口与货方间的交接

这种交接,是港口与货方按约定的形式在货物进出港口库场时对货物进行交付与接收,交付完毕后共同对交接货物的数量和质量等内容在有关货运单证上签认的过程。

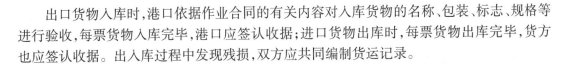

出口货物入库时,港口依据作业合同的有关内容对入库货物的名称、包装、标志、规格等进行验收,每票货物入库完毕,港口应签认收据;进口货物出库时,每票货物出库完毕,货方也应签认收据。出入库过程中发现残损,双方应共同编制货运记录。

(三)港口与理货机构(外轮理货员)间的交接

国际运输以件交接的货物,码头理货员(或货方,在直提或船放情况下)与代表船方的理货机构按舱单(进口货物)、装货单(出口货物)和货物上标明的主标志交接货物。对每作业班次的交接数字双方共同签认计数单,对发现的残损共同签认现场记录。全船理货交接后,对进口货物,理货机构根据计数单和舱单,汇总编制货物溢短单;根据现场记录,汇总编制货物残损单;对出口货物,理货机构根据计数单和装货单,制作货物分舱单和积载图。

(四)港口内部间的交接

这种交接,是货物在港作业及堆存期间,码头理货员上下工班之间依据有关货运程序进行的货物与货运单证的交接活动。

二、理货方法

(一)划数理货法

划数理货法是一种比较普遍应用的理货方法,尤其是同一货种的大宗货物,不论船↔船、船↔驳、船↔库场、船↔车等装卸作业范围均可使用。其方法是采用一交一接,双边记数办法。双方人员站在适当的位置进行对口交接,每记一勾货物互相招呼,每隔一定时间互相核对数字。采用划数理货时应注意以下两点。

① 理货人员精神必须高度集中,做到货物起吊到一定位置记数,防止漏记、重记。

② 应与对方交接人员和装卸工人取得密切协作,做到按时呼应,勤对数。装卸货物要定量码勾。

(二)点垛理货法

点垛理货法是一种常见的理货方法,适用于按作业线对口点数(点垛)交接。目前多在出口货物集港、装船时使用。

采用这种方法交接货物时要做到以下两点。

① 必须将货物堆码整齐。规格不一、容易错批夹数的货物要码双批垛,成组时要严格定量、定型。无论什么货,均要以容易清点数字为原则。

② 进口货物采用此种方法交接,要做到舱口与垛位一致,不能与其他舱口的货混卸、混堆。

(三)发筹理货法

发筹理货法是交接双方指定一筹代表一勾或一件货物,根据货物装卸数量和地点约定交接界线,随货一交一接。筹码发完、回筹时,双方记明数量、核实清楚。

以筹代数是比较古老的理货方法,只适用于人力操作、数量不大、按件计数的货物。随着机械化程度的提高,发筹交接(理货)的使用范围逐渐缩小了。

(四)按重理货法

按重理货法是用于货主申请按重交接的货物,以及不能用件作为基本单位的散装货物。按重理货法的原则如下。

① 货主申请商检进行船边衡量货物重量的,与商检核对磅码单重量进行交接。
② 凭车船运单重量交接的,按车、船运单位原来原转,办理交接。
③ 凭船舶水尺交接的,按水尺办理交接。
④ 大船过驳船,按驳船载重吨进行交接。
⑤ 大船过车,按车载重吨进行交接。

(五)小票理货法

小票理货法是在前几种理货方法的基础上发展起来的一种方法。其交接形式是发货方与收货方用文字联系,按小票格式填写提单号、数量、残损及顺号。随货由司机带到收货地点,收货方依据小票记载内容,核实货物的交接方法。小票采用双联,填发一方留有存根,每班作业完毕,交接双方按票核实数字和残损,无误后,双方签字,以示交接完毕。

小票理货法在接卸进口货物时较普遍应用,它优于划数理货法、点垛理货法。其特点是:理货人员必须上岗定位,培养认真负责的工作作风;遇有不符能立即得到纠正,避免班后扯皮;解决从船→库场中间环节无人管的现象,一张小票紧密地连着外理、装卸、司机、库场员四个岗位,既能互相监督,又能互相配合。

采用小票理货法应注意的事项有:严格按照发放顺号收货,认真核对货物与填写内容是否一致,发现不符立即纠正;严格控制最后一勾货。发票一方要在结束作业时,在小票上注明"最后一勾"字样。司机必须将最后一勾运到收货地点,装卸工人必须全部归垛,只有这样,才能便于收、发双方核实数字和残损;收、发双方不得脱岗,必须按勾填写,按票核实货物,避免漏收、错收。

(六)计数器理货法

计数器理货法是在袋装货专用码头使用皮带运输机装卸货物时,机上装有电子计数器代替人工进行理货的方法。该方法只适用于同一货种的大宗货物,如每件重量相等的袋装货。

三、实物理货的内容

① 清点货物件数。
② 查验货物单重、尺寸。
③ 查验货物重量。
④ 检验货物表面状态。
⑤ 剔除残损。

⑥ 货物分拣。

⑦ 安排货位,指挥作业。

⑧ 处理现场事故。

⑨ 办理交接。

四、分票与隔票

(一) 分票

分票即按票分清混票和隔票不清的货物。

分票时,要求卸货港的理货员对混票货应尽量做到边卸边分票。如果确实不具备条件,也可在卸货后接票分清货物。

(二) 混票

混票即不同票的货物混装在一起,不能按票正常卸货。

装卸港理货员应认真负责地监督和指导装卸工组装舱积载及铺垫隔票,按票装船,一票一清,零星小票货集中堆放,同包装不同标志大票货和不同目的港的货物分隔清楚,按卸货港顺序装船,先卸的后装、后卸的先装。

(三) 隔票

对于不同卸货港的货物、同包装不同收货人的货物、转船货物和过境货物,要分隔清楚,防止隔票不完全。界线不清楚、串货和混装现象。

隔票的方法可采用不同包装的货物进行自然隔票,也可用网络、帆布、席子、木板、绳、涂料、纸等物料进行隔票。

五、垫垛

垫垛是指在货物码垛前,在预定的货位地面位置,使用衬垫材料进行铺垫。常见的衬垫物有枕木、废钢轨、货板架、木板、帆布、芦席、钢板等。

垫垛的目的:使地面平整;堆垛货物与地面隔离,防止地面潮气和积水浸湿货物,并形成垛底通风层,有利于货垛通风排湿;地面杂物、尘土与货物隔离;货物的泄漏物留存在衬垫之内,不会流动扩散,便于收集和处理;通过强度较大的衬垫物使重物的压力分散,避免损害地坪。

六、苫盖

苫盖是指采用专用的苫盖材料对货垛进行遮盖,以减少自然环境中的阳光、雨雪、刮风、尘土等对货物的侵蚀、损害,并使货物由于自身理化性质所造成的自然损耗尽可能减少,保护货物在储存期间的质量。

常用的苫盖材料有帆布、芦席、竹席、塑料膜、铁皮、铁瓦、玻璃钢瓦、塑料瓦等。

常见的苫盖方法有以下几种。

（一）就垛苫盖法

就垛苫盖法是直接将大面积苫盖材料覆盖在货垛上遮盖,如图5-1所示。其适用于起脊垛或大件包装货物,一般采用大面积的帆布、油布、塑料膜等。就垛苫盖法操作便利,但基本不具有通风条件。

图5-1 就垛苫盖

（二）鱼鳞式苫盖法

鱼鳞式苫盖法是将苫盖材料从货垛的底部开始,自下而上呈鱼鳞式逐层交叠围盖,如图5-2所示。该法一般采用面积较小的席、瓦等材料苫盖。鱼鳞式苫盖法具有较好的通风条件,但每件苫盖材料都需要固定,操作比较烦琐复杂。

图5-2 鱼鳞式苫盖法

（三）活动棚苫盖法

活动棚苫盖法是将苫盖物料制作成一定形状的棚架,在货物堆垛完毕后,移动棚架到货垛遮盖,或者采用即时安装活动棚架的方式苫盖,如图5-3所示。活动棚苫盖法较为快捷,具用良好的通风条件,但活动棚本身需要占用仓库位置,也需要较高的购置成本。

图5-3 活动棚苫盖法

七、单码、残损、溢短

(一)单码

单码是指在港少数货物出现错号、错票、残损、短缺时,单独堆码在一个区位的货物的堆码形式。

(二)残损

货物包装或货物外表发生破损、污损、水湿、锈蚀、异常变化等现象,并危及或可能危及货物质量或数量时,称为残损货物。在作业过程中造成的残损,称为工残。进口货物起卸前在船上发现的残损,称为原残。

为了确保理货质量,维护委托方利益,按以下方法处理残损货物。

① 出口货物发生残损,原则上不能装船,应由发货人换货或整修。在舱内发现的残损货物应卸下船。

② 进口货物发现原残,应根据与船方商定的办法处理,集中验看或随时验看,编制现场记录,取得船方签字。未经理货员验看确认而卸下船的残损货物按工残处理。

③ 在船上发生工残货物,应编制记录,取得工组签字。

发生残损货物的原因如下。

① 货物包装不稳固或包装质量不符合要求。

② 货物本身潜在的缺陷或货物的自然特性。

③ 船舶设备致损。

④ 货物积载不当。

⑤ 船舶发生海事。

⑥ 装卸致损。

⑦ 气象原因。

⑧ 外力致损。

（三）溢短

船舶承运的货物,在装货港以装货单数字为准,在卸货港以进口舱单数字为准。当船舶实际装卸的货物数字比装货单、进口舱单记载的数字多出时,称为溢;短少时,称为短。

对溢短货物按以下方法处理。

① 出口货物应按装货单数字装船,对溢出的货物不能装船。如发货人坚持装船,应由发货人通过船舶代理人更改装货单。

② 装船时发现短少货物,应要求发货人补足装货单数字。如发货人无货补足时,应根据具体情况作部分退关、整票退关或由发货人通过船舶代理人更改装货单。

③ 进口货物应按进口舱单数字卸船,对溢出或短少的货物应如实编制货物溢短单。

出口货物装船时发生溢短,有 4 个方面的原因。

① 发货人发货数字不准。

② 港口仓库漏装、错装。

③ 港口工人装船时途中掉包、掉件或落水。

④ 理货差错。

进口货物卸船时发生溢短,除有装货港的原因外,还有 4 个方面的原因。

① 船舶运输途中错卸、漏卸、被盗或发生海事。

② 由于装货港装舱混乱,隔票不清,卸货溢短船方未发现,遗漏船上。

③ 卸货时理货差错。

④ 卸货港收货差错。

第二节　理货单证载体操作业务

一、内贸货物运输合同与单证

内贸货物运输合同与单证主要有水货运输合同、运单、货物交接清单、货运记录等。

（一）水货运输合同

水货运输合同是指承运人收取运输费用,负责将托运人托运的货物经水路由一港运至另一港的合同。

（二）运单

国内水路货物的运输采用的是收货人记名制,以不具有流通性及物权性的运单作为其运输单证。

1. 运单的功能

（1）运单是合同的证明

虽然运输过程分为订约和履行两个阶段的行为，订约行为产生合同，但是订约行为并不一定产生书面合同，因为合同可以是口头订立的。因此在没有书面合同的情况下，或者在书面合同不在的情况下，运单可以起到运输合同的作用。当运输合同与运单的记载发生冲突时，可分为两种情况对运单的证明功能加以分析。一是当运单上的记载，如有关货物的数量、质量、价款或者运输费用、履行期限、履行地点、违约责任、解决问题的方法等内容，与原双方协商订立的合同内容不一致时，如双方对上述新的内容达成一致，则视为对原运输合同内容的实质性变更，双方之间设立了一个新的运输合同关系，此时的运单是新的运输合同的证明。二是当运单上的记载与原运输合同在非上述内容上有所变化时，则视为双方对原运输合同的一般性变更，原运输合同依然有效，运单是变更后运输合同的证明。

（2）运单是承运人收到货物的收据

就一般法律关系而言，只要双方当事人之间发生一种交接关系，接收一方就应当签发一张证明其已经收到该物品的收据。在运输合同当中也是如此，履行水路货物运输合同很重要的一环就是托运人要将货物交给承运人运输，当承运人从托运人手中接收货物时，就应当给托运人签发一张已经收到货物的证明，并在其上将收到货物的状况加以记载，如货物的重量、体积、数量等，这就是运单的收据功能。

2. 运单的签发

《国内水路货物运输规则》第六十一条规定："承运人接收货物应当签发运单，运单由载货船舶的船长签发，视为代表承运人签发。"承运人基于运输合同关系负有向托运人签发运单的义务，而托运人也因运输合同关系享有要求承运人签发运单的权利。因此，承运人接收货物后应当向托运人签发运单。签发运单是单方的法律行为，只要承运人一方签字或者盖章即可发生法律效力。

运单还设有收货人签章栏，这是收货人在到达港接收货物时向承运人签发货物收据而使用的。

3. 运单的内容及填制要求

运单的内容一般包括下列各项。

① 承运人、托运人和收货人的名称。

② 货物名称、件数、重量、体积（长、宽、高）。

③ 运输费用及结算方式。

④ 船名航次。

⑤ 起运港、到达港和中转港。

⑥ 货物交接的地点和时间。

⑦ 装船日期。

⑧ 运到日期。

⑨ 包装方式。

⑩ 识别标志。

运单应按下列要求填制：托运人、收货人、起运港、到达港、货物名称要填写具体，名称过繁的,可以填写概括名称;规定按重量和体积责打计费的货物,应当填写货物的重量和体积(长、宽、高);填写的各项内容应当准确、完整、清晰。

4. 运单的流转

运单签发后承运人、承运人的代理人、托运人、到达港港口经营人、收货人各留存一份,其中一份由收货人收到货物后作为收据签还给承运人。承运人可以视情况需要增加或减少运单的份数。

运单从承运人签发至流通到收货人手中,可以有多种方式,如由托运人邮寄给收货人,委托承运人将运单随船带至到达港再转交收货人,甚至可以由托运人亲自送交收货人等。在具体实践中第二种情况较为普通。

托运人将运输货物按照约定的交接地点和时间交给承运人时,承运人应当在运单上签字或盖章以表明其已经按照运单的记载接收货物,运输合同开始履行。

收货人提取货物后,应当在其持有的一联运单上签字或盖章以表明其已经提取货物,并将该联作为收据交承运人留存,对于承运人来讲这是运输合同履行完毕的证明。

(三)货物交接清单

水路运输货物在港口作业中,港航之间要对货物发生事实上的交接(直装,直提除外),为保证交接的顺利进行,《港口货物作业规则》第五十二条规定:"船方与港口经营人交接国内水路运输货物应当编制货物交接清单。"由货物交接清单对交接货物的数量、质量等内容进行记录。

交接清单记载的内容主要有运单号码、托运人、收货人、识别标志、货物名称、件数、包装方式、重量、体积、实装、实卸等。内容中前9项的记载表明承运人接收人接收时的货物状况。

"实装""实卸"又各自分为两个栏目,前一个栏目记载实际装/卸货物的数量;如果在装/卸船作业过程中发现货物损坏、灭失的,按照《港口货物作业规则》的有关规定,交接双方还应当编制货运记录,为简化交接清单的内容,可将货运记录的编号填在后一个栏目内。

货物交接清单适用于在起运港和到达港的两次交接,涉及起运港港口经营人、到达港港口经营人和船方三方当事人。因此,交接清单编制后,两港的港口经营人各存留一份,船方存留一份。即本清单应当至少三联,有关当事人视具体情况可适当增加。

货物交接完毕,交接双方应当在交接清单上签字或盖章表示确认。

(四)货运记录

根据《国内水路货运运输规则》和《港口货物作业规则》的有关规定,货物交接双方发现货物损坏、灭失的,双方应当编制货运记录,货运记录的编制应当准确、客观,而且应当在货物交接的当时由双方共同编制,并以签字或盖章的形式表示确认。如对事实状况难以达成共识,交接双方可以在货运记录上将各自的观点分别加以记载,无须一律强求双方意见的一致。当发生索赔等情况时,此中记载的证据效力如何则由司法机关依法予以认定。货运记录模板如图5-4所示。

交货方			接货方	
运/提单号码	作业合同号码		船名	航次
交接时间		交接地点		车号
起运港		中转港		到达港
货物名称	包装方式		识别标志	集装箱号
记录内容				

交货方(签章)　　　　　　　　　　　　　　　接货方(签章)
　年　　月　　日　　　　　　　　　　　　　　年　　月　　日

图 5-4　货运记录

1. 货运记录的编制份数

① 进入港口库场前发生的,一式五份。作业委托人、起运港港口经营人各一份,三份交承运人(承运人自留一份,交到达港港口经营人和收货人各一份)。

② 装船前和装船时发现和发生的,一式四份。起运港港口经营人、承运人各一份,由承运人交到达港港口经营人收货人各一份。

③ 卸船时发现和发生的,一式三份。承运人自留一份,交到达港港口经营人、收货人各一份。

④ 交付时发现和发生的,一式两份。到达港港口经营人、收货人各一份。

2. 货运记录的内容

① 交货方、接货方。在货物装卸运输过程中涉及多方当事人和很多次交接,但无论谁与谁交接,对于交接本身来讲,交接双方一方是交货方,一方是接货方。

② 运提单号码、作业合同号码、船名、航次、起运港、中转港、到达港。要求在货运记录上填写上述内容,是为了便于有关当事人了解有关货物在装卸运输中的基本情况以及必要时相关单证的查询,以提高工作效率。

③ 交接地点、时间。按照运输合同中约定的交接地点和时间进行交接。

④ 车号。

⑤ 记录内容。

货运记录在运输关系中由承运人负责编制,港口作业关系中由港口经营人负责编制。

二、外贸货物运输单证

外贸货物运输单证有些受国际公约和各国国内法约束,有些受港口当局和航运习惯约束。

在装货港编制的单证主要有托运单、装货单、收货单、提单、装货清单、载货清单等。

在卸货港编制的单证主要有理货记数单、现场记录、货物残损单、溢短单、提货单等。

① 托运单是托运人根据买卖合同和信用证的有关内容向承运人或其代理人申请办理货物运输的书面凭证,又称订舱单。其具体内容有托运人、承运人、货名、重量、体积、识别标志、包装形式、装船期限、信用证有效期、起运港、目的港等。

② 装货单是承运人的代理人根据托运单的有关内容,就船名、航班、运价等相关事项与托运人商定后,由承运人的代理人签署而形成的一份出口货运的承诺性文件。

托运人持承运人的代理人签署的装货单,连同有关货物的其他单证到海关办理出口货物报关手续,海关查验后,在装货单上加盖海关放行图章,此时的装货单习惯上又称关单,承运人依据关单上记载的内容接收货物装船承运。

装货单的作用是:托运人办妥货物托运手续的证明;承运人下达给船舶接收货物装船承运的命令;办理海关放行手续的主要单证;制作其他货运单证的主要依据。

③ 收货单是货物装上船后,由船舶大副签署给托运人作为证明船方已收到该货物并已装上船的凭证,故收货单又称大副收据。

收货单的作用是:船方收到货物的收据;托运人换取提单的凭证;有关货损、货差情况的证明性文件。托运人取得了大副签署的收货单后,即可凭此向承运人或其代理人换取正本已装船提单。

④ 提单是用以证明海上货物运输合同和货物已由承运人接收或装船,以及承运人保证据以交付货物的单证。提单的签发时间是承运人接收货物或将货物装上船舶以后。

⑤ 装货清单是承运人或其代理人根据装货单留底联,将全船待装货物按目的港和货物性质归类,依航次、靠港顺序编制的装货单汇总单。

⑥ 载货清单又称舱单,是一份按卸货港顺序逐票列明全船实际载运货物的汇总清单。

⑦ 理货记数单是舱口理货工作使用的主要单据。它是理货员与货物交接方办理货物交接的凭证,是记数字、分标志以及因货物溢短引起索赔时的最原始记录的单据。其主要内容有船名、舱别、工作起止时间、提单号或装货单号、标志、包装、计数、小计等,此外还有交接双方的签字栏目。

⑧ 现场记录是记录进出口货物原残、混装和各种现场情况的原始记录,是编制残损的主要依据。

⑨ 货物残损单是记载进口货物原残的证明,也是收货人向船方索赔和商检部门检验的依据。

⑩ 溢短单是记载进口货物实卸件数比舱单所列件数溢出或短少的证明。船方签认后,可作为船、货双方货物交接的凭证。

⑪ 提货单俗称小提单,是由承运人的代理人签发给提单持有人或其他指定收货人的,

要求在规定时间内和指定地点提取指定货物的单证。

三、港口作业合同及港内相关单证

(一) 港口作业合同

港口作业合同是指港口经营人在港口对水运货物进行装卸、驳运、储存、装拆集装箱等作业,与作业委托人订立的并由作业委托人支付作业费用的合同。

(二) 港内相关单证

1. 港口作业单

港口作业单是指港方依据港口作业合同编制的贯穿货物在港作业过程,集发票、收据、港口作业项目记录于一体的单证。其内容与港口作业合同一致。

其主要功能是:向作业委托人出具的港口作业发票;收到货物的收据;港口作业、堆存情况的现场记录和收费的依据;装船货物入库和卸船货物出库的依据。

2. 出库单

出库单是商家之间互相调货的凭证,是为了方便对账和结算,减少现金支付的一种手段。出库单一式多份,一般为买家、卖家、存根、交易支付,用不同颜色区分。上面填有货品名、数量、单价、交易额以及买卖方、经手人、日期等。商家提货时,提供入库单,填写出库单并盖印章或签名,被提货方可以凭借出库单找提货方收款。出库单模板如图 5-5 所示。

出库单

日期			出库单号	
领料员			库管员	

物料名称	单价	数量	金额	备注
合计				

图 5-5　出库单

3. 黑唛单(进口货物提货凭证)

其模板如图 5-6 所示。

进口货物提货凭证

船名＿＿＿＿＿ 航次＿＿＿＿＿ 201＿年＿月＿日　　　　签发

提单号	唛　头	货　名	原来件数	包装	备注：	注意
			重量　平均每件重量		存放地点：	一、货物提清时本证由库场员收回。 二、倒垛货物请在出库记录栏内注明倒往地点及件数。

注意保存 请勿遗失				出 库 记 录				
	月	日	提取件数	包装	提取累计件数	结存件数	库场员签章	提货人签章

公司货运科　　　　　　　（转背面）　　　　　　　填发人

图 5-6　黑唛单(进口货物提货凭证)

4. 红唛单(进口货物卸船出库记录)

其模板如图 5-7 所示。

进口货物卸船出库记录

船名＿＿＿＿＿ 航次＿＿＿＿＿ 201＿年＿月＿日　　　　填发

提单号	唛　头	货　名	原来件数	包装	备注：	注意
			重量　平均每件重量		存放地点：	一、货物提清时随同提货凭证一并转送货运科。 二、倒垛货物请在出库记录栏内注明倒往地点及件数。

卸 船 记 录					出 库 记 录						
月	日	卸入件数	包装	累计件数	库管员签章	月	日	提取件数	包装	提取累计件数	结存件数	库场员签章	提货人签章

公司货运科　　　　　　　（转背面）　　　　　　　填发人

图 5-7　红唛单(进口货物卸船出库记录)

5. 航运工班装卸报告单

其模板如图 5-8 所示。

<h3 style="text-align:center">航 运 工 班 装卸 报 告 单</h3>

轮
驳＿＿＿＿＿＿＿＿

进
出口

年 月 日　点至　点

记录号/单号	货名	包装	件数	货物小号重量	尺码超长逾重	成组否	机械配备		舱别	工作地点	倒垛数	
							垛上	运输				
												计
												奖
备注：												

作业　　　　　　队　　　　　　组　　　　　理货员签章

图 5－8　航运工班装卸报告单

6. 进出口货运事故报告单

其模板如图 5－9 所示。

<h4 style="text-align:center">进出口货运事故报告单</h4>

船名：　　　　　　舱别：　　　　　　起运港：　　　　　　目的港：

时间	货名	货号	提单号	作业班组	原残简要描述	工残简要描述	操作故障	处理结果

外理签字：　　　　　　船长签字：　　　　　　理货员签字：　　　　　　货方签字：

图 5－9　进出口货运事故报告单

7. 陆运工班倒垛报告单

其模板如图 5－10 所示。

陆运工班倒垛报告单　倒垛

年　月　日

船名＿＿＿＿＿＿＿＿　　　　＿＿＿＿＿＿点至＿＿＿＿点

单　号	货　名	包装	件　数	重　量	成组否	机械配备			入库日期	地　　点 场库至场库
						垛上	运输	垛上		
										至
										至
										至
										至
										至
										至
										至
注										

作业　　　　　队　　　　组　　　　　　理货班长　　　　　　理货员

作业组—人事科

图 5 - 10　陆运工班倒垛报告单

8. 抵补卡片

其模板如图 5 - 11 所示。

船名：　　　　　　　　　　　年　月　日　　　　　起运港：

进口人：　　　　　　　　　　　　　　　　　　　出口人：

提单号	货类	件号	货损性质	货损描述	货区位	备注

工残确认签字：　　　　　　理货员：

原残确认签字：　　　　　　理货员：　　　外理：　　　　货主：　　　　　船长：

图 5 - 11　抵补卡片

9. N/N 红卡片

其模板如图 5 - 12 所示。

船名：　　　　　　　　　　　　　　年 月 日　　　　　　　　　起运港：

进口人：　　　　　　　　　　　　　　　　　　　　　　　　　　　出口人：

提单号	货类	件号	货损性质	货损描述	货区位	备注

工残确认签字：　　　　　　　理货员：

原残确认签字：　　　　　　　理货员：　　　外理：　　　货主：　　　船长：

图 5 – 12　N/N 红卡片

10. 出口发货单

其模板如图 5 – 13 所示。

出口发货单

船名　　　　　　　　　　　　　年 月 日　　　　　　　　　目的港

装货单号	标记	号码	数量	包装	货号	重量	尺码

图 5 – 13　出口发货单

11. 要货条

其模板如图 5 – 14 所示。

要货条

船名：

舱别：

签名：　　　　　　　　　　　　　　　年 月 日

图 5 – 14　要货条

12. 货损货残货差报告单

其模板如图 5 – 15 所示。

货损货残货差报告单

作业库场			年 月 日			班次
船名	货号	小号	残损件数	残损内容	存放区段	外理批注
情况说明						
原残	库场员			外理		
工残	装卸队			机车号及司机		

图 5-15　货损货残货差报告单

第三节　理货实物载体与单证载体的关联

本章第一节曾讲过,从港口作业节点上看,货物交接按交接双方的身份可分为港口与船方间的交接、港口与货方间的交接、港口与理货机构间的交接、港口内部间的交接等。整体货运交接中,港口与船方间、理货机构间的交接在外贸上是一回事,只是前者中还有内贸船方的交接。因此,以实物为载体的交接可以归纳为港口与内贸船方间的交接、港口与理货机构间的交接、港口与货方间的交接、港口内部间的交接四部分。

一、港口与内贸船方间的交接涉及的单证

其主要包括水货运输合同、运单、货运交接清单、货运记录等单证。

二、港口与理货机构间的交接涉及的单证

在装货港编制的单证主要有托运单、装货单、收货单、提单、载货清单等。
在卸货港编制的单证主要有理货记数单、现场记录、货物残损单、溢短单、提货单等。
港口库场理货员与代表船方的理货机构按舱单(进口货物)、装货单(出口货物)和货物上标明的主标志交接货物。对每作业班次的交接数字双方共同签认计数单,对发现的残损

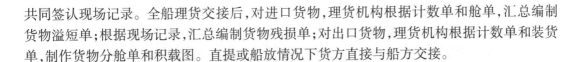

共同签认现场记录。全船理货交接后,对进口货物,理货机构根据计数单和舱单,汇总编制货物溢短单;根据现场记录,汇总编制货物残损单;对出口货物,理货机构根据计数单和装货单,制作货物分舱单和积载图。直提或船放情况下货方直接与船方交接。

三、港口与货方间的交接涉及的单证

出口货物入库时,港口依据作业合同的有关内容对入库货物的名称、包装、标志、规格等进行验收,编制入库记录,每票货物入库完毕,港口应签认收据。

进口货物出库时,每票货物出库完毕,编制出库记录,货方也应签认收据。出入库过程中发现残损,双方应共同编制货运记录。

四、港口内部间的交接涉及的单证

其主要包括垛位图、航运工班装卸报告单、陆运工班装卸报告单、前场后场倒垛报告单、货损货残货差报告单、进出口货运事故报告单、抵补单、N/N 红卡片、溢短单、货运记录等单证。

第四节　理货业务综合实训

一、出口实训方案

以下方案均在教师的指导下进行操作,并书写实训报告。

案例1

出口人:鄂尔多斯集团

进口人:日本 LP 株式会社、韩国鼎成商贸公司

中途港:釜山港

目的港:神户港

货类:集装箱

出口货物预停留货场位置如下:

LP:C1 货区 1 垛 6 层

鼎成:C1 货区 2 垛 6 层

航运性质:班轮

(一) 指导教师提问

1. 货主持何单来港送货?

答:持有由市场部签发的出口发货单来港送货。

2. 理货员依据什么安排货场货位?

答:依据出口船图安排货场货位。

继续提问:为什么要依据船图安排货场货位呢?

答:舱底货物要堆放在货垛的最上层,后面的依次进行,以方便装船。尤其是班轮情况,还要考虑中途港货物和目的港货物在舱内摆放的位置的要求,因此,依据船图在货位层级上要考虑与船图层次相反的位置摆放。

3. 出口货物需签发哪些单据?

答:出口装船单、航运工班装卸报告单、陆运(出口)卸货工班报告单、进出口事故报告单、货损货残货差报告单。

继续提问:这些单据是必须要填写的单据吗?

答:不是。出口装船单、陆运(出口)卸货工班报告单和航运工班装卸报告单是必须要填写的单据。进出口事故报告单和货损货残货差单报告单是只有在出现事故或货物异常时才需要填写的单据。

(二)操作开始

指导教师观察学生实际操作,并给成绩、点评。

操作分以下环节。

① 货主持出口发货单来港送货。

② 理货员查验出口发货单与陆续送来的货物数量。

③ 依据船图安排货场货位。

④ 查验货物外表状况,出现货物异常时,及时填写进出口事故报告单和货损货残货差报告单并需货主签字。

⑤ 货物依船图安排好货场货位后填写陆运(出口)卸货工班报告单。

⑥ 数日后,船靠岸装船。理货员指导装卸工依船图装船。

⑦ 装船后,理货员填写航运工班装卸报告单和出口装船单。出口装船单需外理、船长签字;若出现货物异常时,及时填写进出口事故报告单和货损货残货差报告单并需外理、船长签字。

案例2

出口人:法士特、康师傅

进口人:新加坡 A 客商、新加坡 B 客商

货类:木箱货、纸箱货

出口货物预停留货场位置如下:

木箱货位置:B1 区——1 层 24、33、41、44,2 层 25、34、46、37(B1 区 1 层、2 层为 1 号舱),3 层 22、29、30、31;C1 区——1 层 45、28、38、49,2 层 26、35、47、40(B1 区 3 层和 C1 区 1 层、2 层为 2 号舱),3 层 27、36、48、43,4 层 23、32、39、42(C1 区 3 层、4 层为 3 号舱)

纸箱货位置:C1 区——1 层 8、7、4、3、2、1,2 层 6、5、13、14、12、10(C1 区 1 层、2 层为 3 号舱),3 层 15、16、11、9、17、22,4 层 23、24、19、20、21、18(C1 区 3 层、4 层为 4 号舱),5 层 25(C1 区 5 层为 3 号舱)

隔票情况:木箱货的 32、42、39 和纸箱货的 25 为新加坡 B 客商;其余的为新加坡 A 客商。

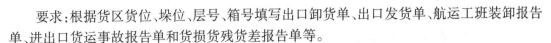

要求:根据货区货位、垛位、层号、箱号填写出口卸货单、出口发货单、航运工班装卸报告单、进出口货运事故报告单和货损货残货差报告单等。

操作步骤:

① 1 名学生扮演货主持发货单一式两份来港送货。

② 1 名学生扮演理货员,收取货主发货单一份,安排货场货位(依据出口货物预停留货场位置安排货场货位)。

③ 模拟货物装船后,签发出口发货单(注:由陆运(出口)卸货工班报告单替代)、航运工班装卸报告单、货损货残货差报告单。

注:在实际货物的个别货物上贴残损、短缺、包装破损字样,模拟货物异常情况。

案例 3

出口人:天津大无缝钢管集团

进口人:美国钢铁公司

货类:钢管

出口货物预停留货场位置如下:

A2 区 1 垛:1 层 30、16、44、23、29,2 层 49、50、57、18、53,3 层 34、32、43、58、46,4 层 42、45、33、52、22

A2 区 2 垛:1 层 19、37、24、20、40,2 层 17、59、49、21、36,3 层 38、28、25、54、35,4 层 48、41、51、27、56,5 层 26、31、55

隔票情况:1 垛为大尺码钢管,2 垛为小尺码钢管,装船在 2 号舱,分别隔票处理。

要求:根据货区货位、垛位、层号、箱号填写出口卸货单、出口发货单、航运工班装卸报告单、进出口货运事故报告单和货损货残货差报告单等。

操作步骤:

① 1 名学生扮演货主持发货单一式两份来港送货。

② 1 名学生扮演理货员,收取货主发货单一份,安排货场货位(依据出口货物预停留货场位置安排货场货位)。

③ 模拟货物装船后,签发出口发货单(注:由陆运(出口)卸货工班报告单替代)、航运工班装卸报告单、货损货残货差报告单。

注:在实际货物的个别货物上贴残损、短缺、包装破损字样,模拟货物异常情况。

二、进口实训方案

以下方案均在教师的指导下进行操作,并书写实训报告。

案例 1

进口人:天津丰田汽车公司、天津一汽夏利公司

出口人:JFE 钢铁株式会社、日本三洋电器株式会社

起运港:横滨港

目的港:天津新港

货类:卷钢货、纸箱货

卷钢货所在舱位、层号、件号:2 号舱舱口垂直位置,底层两排 L1～L6、L7～L12(进口人

天津丰田汽车公司);L13～L27(进口人天津一汽夏利公司)

纸箱货所在舱位、层号、件号:3 号舱第 2 层 A1～A10

隔票情况:L1～L12;L13～27

直提货物:A1～A10

货场预留位置:C2 货区 2 层 L1～L12;D3 货区 2 层 L13～L27

(一)指导教师提问

1. 直提货物货主与理货员凭何交接?理货员需要填写哪些单据?这些单据是必须要填写的吗?

答:①货主持有业务部门提供的黑唛单与理货员持有的红唛单核对后,再与卸船后货物的唛头核对无误后,放货。

② 理货员需要填写航运工班装卸报告单、进出口事故报告单和货损货残货差报告单,并需外理、船长签字。

③ 不是。航运工班装卸报告单必填,其他单据在货物出现异常时填写。

2. 落地货物无异常时如何操作?落地货物有异常时如何操作?

答:落地货物无异常时,按照货位图进行堆码、隔票、苫盖等操作;有异常时,按 N/N 红卡片分开堆码。

3. 落地货物理货员需要签写哪些单据?

答:无异常时,填写航运工班装卸报告单;有异常时,填写进出口事故报告单和货损货残货差报告单。

4. 落地货物日后货主提货时,如何操作?

答:无异常时,货主持有业务部门提供的黑唛单与理货员持有的红唛单核对后,再与堆场货物的唛头核对无误后,并填写陆运工班装卸报告单,然后放货;有异常时,货主持有业务部门提供的抵补卡片与理货员持有的 N/N 红卡片核对后,再与堆场的唛头核对无误后,并填写陆运工班装卸报告单,然后放货。

(二)操作开始

指导教师观察学生实际操作,并给成绩、点评。

操作分以下环节。

① 考察直提货物的交接,并查验理货员所填写各种单据的过程。

② 考察落地货物无异常时的货场安排和实施过程,是否按指定货位堆码,并查验理货员所填写各种单据的过程。

③ 考察落地货物有异常时的货场安排和实施过程,是否按指定货位堆码,并查验理货员所填写各种单据的过程。

④ 考察数日后货主提货时的实施过程。无异常货物的提取过程及票据填写过程;有异常货物的提取过程及票据填写过程。

案例 2

进口人:中国粮油集团

出口人:泰国 MK 制糖公司

起运港:曼谷港

目的港:天津新港

货名:绵白糖

货物所在舱位、层号、件号:3 号舱前体腰窝位置,底层 L1～L10、2 层 L11～L20

现场安全要求:①堆放在仓库内,底部木盘衬垫,上部苫布苫盖;②注意防潮、通风;③注意附近货物与本货物的气味互窜;④装卸时注意避免包装破漏、散失。

操作步骤:

① 1 名学生扮演货主持黑唛单来港接货。

② 1 名学生扮演理货员,手持红唛单与货主黑唛单核对是否一致。将货物卸至 1 号仓库的 A3、A4 区位。

③ 理货员需要填写航运工班装卸报告单、货损货残货差报告单。

④ 货主提货时,红黑唛单核对、红黑唛单与现场货物的唛头信息核对无误后,提货。

案例 3

进口人:天津佳丰进出口贸易公司

出口人:日本索尼公司

起运港:神户港

目的港:天津新港

货类:纸箱货

货名:家用电器

货物所在舱位、层号、件号:3 号舱前体腰窝位置,底层 L1～L10、2 层 L11～L20

现场安全要求:①堆放在仓库内,底部木盘衬垫,上部苫布苫盖;②注意防潮、通风;③水平堆放;④装卸时注意避免磕碰;⑤重不压轻。

操作步骤:

① 1 名学生扮演货主持黑唛单来港接货。

② 1 名学生扮演理货员,手持红唛单与货主黑唛单核对是否一致。将货物卸至 1 号仓库的 A3、A4 区位。

③ 理货员需要签写航运工班装卸报告单、货残货损货差报告单。

④ 货主提货时,红黑唛单核对、红黑唛单与现场货物的唛头信息核对无误后,提货。

三、前后场倒货作业实训方案

方案 1:前场倒后场(进口后的前场移后场的拆箱作业)

货类:集装箱

前场货区货位:D2 货区 1 垛 1 层箱号 0112、0022、0032、0099、0048,2 层箱号 0043、0074、0132、0005、0116,3 层箱号 0102、0137、0006、0050、0142,4 层箱号 0023、0121、0017、0113、0110

后场货区货位:A1 货区 1 垛 1 层箱号 0112、0022、0032、0099、0048,2 层箱号 0043、0074、0132、0005、0116,3 层箱号 0102、0137、0006、0050、0142

需拆箱箱号及堆放位置:0023、0121、0017、0113、0110;堆放 A2 货区

现场安全要求：①完善码头交通管理制度，车辆进出通道必须设立明显的交通标志，如斑马线、限速标志、停车线、行车线路图和红绿灯等；②清除码头进出通道上的路面障碍、净空不足的架空建筑以及拐弯处的盲点；③进入港区的车辆不得带有外延物，以免与其他物件或行人发生碰撞；④严禁员工疲劳作业。

操作步骤：

① 1 名学生扮演装卸工持装卸搬运小票到现场装车搬运。

② 2 名学生扮演理货员，收取小票指导前场装车，后场安排货场货位指导卸货（依据进口货物预停留货场位置安排货场货位）。

③ 货物移动后，签发陆运倒垛工班报告单、货损货残货差报告单、拆箱单。

方案 2：（出口的后场化肥灌包后的前场堆放作业）

货类：化肥

后场货区货位：灌包车间 2 库

前场货区货位：D2 货区（用墩袋货替代）

现场安全要求：①底部木盘衬垫，上部苫布苫盖；②注意防潮、通风；③水平堆放；④装卸时注意避免磕碰。

操作步骤：

① 1 名学生扮演装卸工持装卸搬运小票到现场装车搬运。

② 2 名学生扮演理货员，收取小票指导后场装车，前场安排货场货位指导卸货（依据出口货物预停留货场位置安排货场货位）。

③ 货物移动后，签发陆运倒垛工班报告单、货残货损货差报告单。

第五节　理货计算业务综合实训

案例 1：请计算出 1 吨货物在以下两个装卸作业过程的自然吨、吞吐量、操作量。

① 船→库场→船

② 船→库场→港内某处（港口自用）

答：①自然吨为 1 吨，吞吐量为 2 吨，操作量为 2 吨。

②自然吨为 1 吨，吞吐量为 1 吨，操作量为 2 吨。

案例 2：某港口码头货场，其总面积为 8 000 平方米，货场内有理货室占 100 平方米，变电所占 350 平方米。计算其货场面积的利用率。

答：货场的有效面积 = 8 000 - 100 - 350 = 7 550（平方米）

利用率 = 7 550 ÷ 8 000 × 100% ≈ 94.4%

案例 3：某货场的堆存负荷为 12 吨/平方米，散铁矿石的比重为 2.5 吨/立方米，生铁的比重为 7.8 吨/平方米。问在保证货场安全的情况下，该货场分别堆存铁矿石和生铁的最大堆存高度是多少？

答：铁矿石的最大堆存高度 = 12 ÷ 2.5 = 4.8（米）

生铁的最大堆存高度 = 12 ÷ 7.8 ≈ 1.54（米）

案例 4：天津港某码头公司货场总面积为 6 000 平方米，库场使用率为 80%，库场堆存定额为 6 吨/平方米。问库场一次性堆存量是多少?

答:一次性堆存量 = 6 000 × 80% × 6 = 28 800(吨)

案例 5:某码头公司一天的生产中,有集港矾土 5 000 吨,焦宝石 10 000 吨,其他集装袋货物 6 000 吨,其中 1 000 吨集装袋由于单证不齐而退关,有货主提离港口,其他货物顺利装船。请计算这一天码头公司的吞吐量。

答:吞吐量 = (5 000 + 10 000 + 6 000) − 1 000 = 20 000(吨)

案例 6:某仓库总面积为 6 100 平方米,有效面积为 5 300 平方米,则库场面积有效利用系数是多少?

答:库场面积有效利用系数 ES = 库场有效面积 ÷ 库场总面积 × 100% = 5 300 ÷ 6 100 × 100% = 86.8%

案例 7:某仓库有效面积为 700 平方米,该库堆存使用定额为 3 吨/平方米,该仓库的仓容量是多少?

答:仓容量(V) = 有效面积(S) × 堆存使用定额(Q)

$$= 700 × 3 = 2\ 100(吨)$$

该仓库的仓容量为 2 100 吨。

案例 8:某堆场有 20 个货位,每个货位长 27 米、宽 13.5 米,另有一个货位为三角形,底长 10 米、高 8 米,有一个理货房建在一个货位内,长 3 米、宽 2.5 米,其他空地是墙垛距和通道。计算此库有效面积是多少?

答:27 × 13.5 × 20 = 7 290(平方米)

10 × 8 ÷ 2 = 40(平方米)

7 290 + 40 − (3 × 2.5) = 7 322.5(平方米)

此库有效面积为 7 322.5 平方米。

案例 9:303 库存栈棕刚玉,其中第一天收了 400 吨,第二天收了 500 吨,第三天收了 800 吨,第四天收了 600 吨,第五天收了 1 000 吨。求该库五天平均仓容量。

答:求每天容量:

第一天 400 吨

第二天 900 吨(= 400 + 500)

第三天 1 700 吨(= 800 + 900)

第四天 2 300 吨(= 600 + 1 700)

第五天 3 300 吨(= 1 000 + 2 300)

五天平均仓容量 = (400 + 900 + 1 700 + 2 300 + 3 300) ÷ 5 = 1 720(吨)

案例 10:某库货物堆存吨天数为 396 000 吨天,仓库有效面积为 6 000 平方米,单位面积堆存定额为 3.2 吨/平方米。求该仓库 9 月份仓容量利用率是多少?

答:库场利用率 = [货物堆存吨天 ÷ (平均仓容量 × 日历天)] × 100%

$$= [396\ 000 ÷ (6\ 000 × 3.2 × 30)] × 100%$$

$$= (396\ 000 ÷ 576\ 000) × 100%$$

$$= 68.75%$$

该仓库 9 月份仓容量的利用率是 68.75%。

案例 11:某仓库月初有效面积为 5 000 平方米,堆存使用定额为 3 吨/平方米,从 4 月 16

日起库内 500 平方米改为存放金属具。该仓库 4 月份平均仓容量是多少?

答:平均仓容量 = 报告期每日容量之和 ÷ 报告期日历天

$$= [5\ 000 \times 3 \times 15 + (5\ 000 - 500) \times 3 \times 15] \div 30$$

$$= (225\ 000 + 202\ 500) \div 30$$

$$= 427\ 500 \div 30 = 14\ 250(吨)$$

该仓库 4 月份平均仓容量是 14 250 吨。

案例 12:某仓库一日晨的结存吨是 5 600 吨,第一日至第五日的吞吐量如下。求该仓库的货物堆存吨天数。

	一日	二日	三日	四日	五日
入库/吨	500	600	450	1 000	2 500
出库/吨	700	100	50	100	100

答:按入库量计算。

货物堆存吨天数 = 测算期内每天开始时结存吨数之和 + 本期每天入库吨数之和

$$= (5\ 600 + 5\ 400 + 5\ 900 + 6\ 300 + 7\ 200) + (500 + 600 + 450 + 1\ 000 + 2\ 500)$$

$$= 30\ 400 + 5\ 050 = 35\ 450(吨天)$$

该仓库的货物堆存吨天数为 35 450 吨天。

案例 13:某仓库 11 月初结存货物 8 000 吨,本月份进仓货物 64 000 吨,货物堆存吨天数为 396 000 吨天。该月份的货物平均堆存期为多少? 平均每天堆存吨数为多少?

答:货物平均堆存期 = 测算期货物堆存吨天数 ÷ 测算期货物堆存量

$$= 396\ 000 \div (8\ 000 + 64\ 000) = 5.5(天)$$

货物平均堆存量 = 测算期货物堆存吨天数 ÷ 测算期日历天

$$= 396\ 000 \div 30 = 13\ 200(吨)$$

案例 14:某仓库 9 月初结存货 8 000 吨,本月进仓货物 64 000 吨,仓库平均有效面积为 6 000 平方米,单位堆存定额为 3.2 吨/平方米。求该仓库 9 月份库场容量周转次数?

答:周转次数 = 货物堆存量 ÷ 报告期平均仓容量

$$= (8\ 000 + 64\ 000) \div (6\ 000 \times 3.2)$$

$$= 72\ 000 \div 19\ 200 = 3.75(次)$$

案例 15:有一个直径为 14 米的圆形堆场,使用定额 8 吨/平方米,要堆生铁,先堆有生铁高 3 米。问共有多少吨生铁? 是否超负荷?

答:货场总面积 $= \pi r^2 = 3.14 \times 49 = 153.86(平方米)$

仓容量 $= 1/3 \times 153.86 \times 3 = 153.86(立方米)$

实堆吨 $= 153.86 \times 7.8 = 1\ 200.108(吨)$

负荷吨 $= 8 \times 153.86 = 1\ 230.88(吨)$

因为 1 230.88 > 1 200.108,所以不超负荷。

案例 16:某货场堆存使用定额为 7 吨/平方米,如卸钢坯,每根长 6 米、重 0.5 吨,码井形垛。满负荷码能码钢坯多少根?

答:钢坯垛占地面积 $= 6 \times 6 = 36(平方米)$

钢坯垛占地负荷 $= 7 \times 36 = 252$(吨)

钢坯垛码根数 $= 252 \div 0.5 = 504$(根)

满负荷能码钢坯 504 根。

案例 17：某货场堆存使用定额为 6 吨/平方米，卸钢板垛，垛型为平台垛，钢板长 7 米、宽 1.5 米，钢板每片重 800 千克。此垛码多少片钢板为合理使用场容而不超负荷？

答：钢板占地面积 $= 7 \times 1.5 = 10.5$(平方米)

钢板占地重量 $= 10.5 \times 6 = 63$(吨)

可码钢板片数 $= 63 \div 0.8 = 78.75$(片)

可码 78 片钢板最合理不超负荷。

案例 18：货场使用定额为 3 吨/平方米，卸钢管，直径 0.12 米、长 12 米，每根重 320 千克，码井形垛。如何堆放最合理？码多少层？

答：井形垛占地面积 $= 12 \times 12 = 144$(平方米)

井形垛占地重量 $= 144 \times 3 = 432$(吨)

井形垛可码根数 $= 432 \div 0.32 = 1\ 350$(根)

井形垛每层可码根数 $= 12 \div 0.12 = 100$(根)

可码层数 $= 1\ 350 \div 100 = 13.5$(层)

此垛可码 13 层半。

案例 19：出口集装袋焦炭共计 132 件，码梯形垛 3 个高，货位宽 4.8 米，集装袋直径为 1.2 米。如何码垛最合理？

答：每批可码件数 $= 4.8 \div 1.2 = 4$(件)

132 件 $\div 4 = 33$(批)

33 批 $\div 3 = 11$(批)

底：12 批 $\times 4 = 48$

中：11 批 $\times 4 = 44$

上：10 批 $\times 4 = 40$

$48 + 44 + 40 = 132$

底层 48 件、中层 44 件、上层 40 件码垛最合理。

案例 20：有一垛氧化铝，底层宽 5 批、长 20 批，中层宽 4 批、长 19 批，上层宽 3 批、长 18 批。问此垛码多少袋？提走 60 袋，如何甩垛最合理？（不准甩平台垛，甩垛不塌不倒）

答：此垛码袋数 $= (5 \times 20) + (4 \times 19) + (3 \times 18) = 230$(袋)

$60 \div (5 + 4 + 3) = 5$(批)

$(5 \times 5) + (4 \times 5) + (3 \times 5) = 60$(袋)

每层走 5 批计 60 袋，最底层甩 15 批、中层 14 批、上层 13 批最合理。

第六节 理货业务实务

一、装卸车业务实务操作原则

① 合理使用机械、工具,不超负荷,不用手勾。

② 坚持"五不":不倒关、不超限、不超载、不亏车、不偏重。

③ 轻拿轻放、堆码整齐、重货不压轻货、木箱不压纸箱、箭头向上、破损挑出,车门车窗和敞车超过车厢部分袋口要朝里,车门要留出适当距离,起脊货物应起好脊、苫盖严密、捆绑牢,作业完毕应关好车门车窗、上好插销。

④ 散货避免撒漏、混质,装车完毕要平车,散油不跑、不漏、不冒、不混。

⑤ 作业中随撒随扫、随破随修,作业完毕做到"四清":垛底清、道路清、机具清、车内清。

⑥ 卸车成组作关坚持"三定":定关、定量、定型。

二、装卸船业务实务操作原则

① 装船作业做到合理积载、堆码整齐、衬垫良好、隔票清楚。

② 卸船作业做到按顺序卸货、不混卸。

③ 合理使用机械、工具,不超负荷、不用手勾。

④ 坚持"六不":不倒关、不拖关、不浠舱、不挖井、不推垛、不落水。

⑤ 作关坚持"三定":定关、定量、定型。

⑥ 轻拿轻放、捆扎牢固、重货不压轻货、木箱不压纸箱、箭头向上、破损剔出。

⑦ 散货避免撒漏、混质,装船完毕要平舱,散油不跑、不漏、不冒、不混。

⑧ 作业中随撒随扫、随破随修,作业完毕做到"六清":舱底清、甲板清、龙口清、道路清、库场清、机具清。

三、货物在交接的各环节发生货差事故的责任划分原则

理货在接收、保管、发运进出口货物中所发生的账、图、票、货四不相符的数字溢短情况称为货差事故。

货物在交接的各环节发生货物溢短(货差)事故,责任划分原则是:交接前由交方负责,交接后由接方负责,但下列两种情况除外。

① 应参加双边交接而未参加的一方,视同放弃责任,由此而发生的溢短事故,由缺席方负责。

② 港口未按规定为双方交接货物创造条件,如定勾不准、堆垛数字不准等,造成无法计数,对方提出后,港口又拒绝整理、改进而发生的货物溢短事故,由责任港负责。

四、货物在交接的各环节发生货损事故的责任划分业务原则

① 装船前和装船过程中,造成的残损事故由起运港负责。

② 到达港卸货出舱前发现的残损货物,无船舶与起运港原编记录证明,或残损程度(数量)超出原编记录的由船方负责。

③ 到达港卸货时,发现因配载不当,造成货物损坏的,由船方负责。但因起运港擅自变更配载图所造成的损失,由起运港负责。

④ 到达港卸货过程中发生的、货物入库场后交付时发现的残损,由到达港负责。

⑤ 在装船或卸船作业中,由于船舶起货机具不良,所发生的货损事故,由船方负责。

五、货物在港口发生损坏、灭失、索赔的程序业务规定

根据索赔程序规定:属于港口责任造成的货物或船舶损失,索赔单位应凭港口出具的货运记录或船损记录,并随附提单、发货票或修理费用账单等有关单证,向港务局索赔。港务局应在 60 天内答复,索赔单位和港务局对赔偿案件的处理有分歧意见时,应实事求是、协商解决;对有争议的重大事故,必要时可报上级主管机关审查处理。

六、由于港口责任造成的货物灭失、损失、港口如何进行赔偿的业务规定

依照规定,由于港口责任造成的货物灭失、损坏事故,按下列规定赔偿。

① 计件的货物按件赔偿,不计件的货物按港口装卸计费单位(吨)赔偿。

② 货物灭失的赔偿按货物的实际价值计算;货物损坏的赔偿按受损前后货物的价值的差额计算;进口货物的价值按到岸价格计算;出口货物的价值按离岸价格计算。

③ 港口对货物灭失、损坏的赔偿金额,每件最多不超过人民币 500 元。每一港口装卸计费单位(吨)最多不超过人民币 100 元。对一艘船舶每一航次所载的货物,在港口作业的全部作业过程中,其赔偿总额最多不超过下列限额:501 吨(按载重吨计算,下同)以上船舶,赔偿人民币 80 000 元;500 吨以下船舶,赔偿人民币 5 000 元。

七、关于货物在港口造成的损失由港口负责的业务赔偿界限规定

依照规定,在港口装卸、驳运、保管作业中造成的货物灭失、损坏事故或船体、船具的损失事故,港口负责赔偿,但下列原因造成的损失除外。

① 不可抗力。

② 包装不固、不良。

③ 标志欠缺、不清或不当。

④ 货物本身的特性或内在缺陷。

⑤ 舱单、装货单记载的或货物外包装标明的货物名称、重量与货物实际不符。

⑥ 船舶配载或积载不当。

⑦ 由船方负责开关舱作业，未及时关造成货物雨湿。

⑧ 船舶设备或属具的缺陷。

⑨ 非港口过失发生的火灾。

⑩ 预先不能发现的影响港口作业的潜在因素和其他非港口责任的损失。

八、进入危险品库场的人员、车辆的业务实务操作注意事项

凡进入危险品库场的人员，必须遵守库场管理制度，服从管理人员的指挥，不得携带火种，工作一经完毕，立即离开现场。进入危险品库场的各种车辆必须配置火星熄灭装置，并不得在库场内加油、修理，易产生火花的车辆严禁入内。

九、对溢收或短收费用处理的业务实务原则

对港口与付费人之间的溢收或短收的各种港口费用，应在结算后 180 天内提出退补要求，逾期不退补。

十、需付节假日、夜班附加费的业务实务规定和计算

在法定节假日以及夜班所进行的引航费、移泊费、过闸引领费、拖轮使用费、引航员滞留费、系解缆费、开关舱费、装卸费、工时费、灌包和缝包费、分票费、翻装费、指导员工时费、杂项作业费等需计收节假日夜班附加费。沿海货物及船舶不计收节假日夜班附加费。

节假日夜班附加费的计算方法如下。

$$夜班附加费 = 基本费率 \times 50\%$$
$$节假日附加费 = 基本费率 \times 100\%$$

节假日的夜班附加费应分别在其基本费率的基础上附加，然后相加计算，即

$$节假日的夜班附加费 = 基本费率 \times 100\% + 基本费率 \times 50\%$$

超长货物的节假日夜班附加费应将超长附加后的费率作为基本费率然后再附加计算。例如，12 ~ 16 米的超长钢材，其节假日夜班附加费应计算如下。

$$（钢材基本费率 + 钢材基本费 \times 50\%）\times 100\% + （钢材基本费率 + 钢材基本费 \times 50\%）\times 50\%$$

十一、轻泡货物业务的界定

轻泡货物是指每一重吨的体积满 4 立方米的货物，如箱装的卫生纸、绢花等均属轻泡货物。轻泡货物装卸费率较低，在费用标准上略高于其他普通货。

十二、超长货物业务的界定

超长货物是指一件货物的长度超过 12 米的货物。按照交通部的有关规定，超长货物可

分为三个档次。

① 超 12～16 米。

② 超 16～20 米。

③ 超 20 米以上。

十三、计算超长货物装卸费的业务规定

由于超长货物在装卸上具有一定的难度,在费用标准上略高于一般货物。对于超长货物有如下规定。

① 每件货物长度超过 12 米满 16 米,按相应货类的基本费率加收 50%。

② 每件货物长度超过 16 米满 20 米,按相应货类的基本费率加收 100%。

③ 每件货物长度超过 20 米以上,按相应货类的基本费率加收 150%。

为了体现公正合理及符合国际上的一般做法,交通部有关部门做出下列规定。

① 由于有 60 毫米正公差,因而长度不超过 12.06 米的钢材不计收超长货物附加费。

② 除 60 毫米正公差外,长度仍超过 12 米的钢材,应按规定计收超长货物附加费。

十四、计算危险货物装卸费的业务规定

危险货物的装卸费内贸与外贸在计费方法上略有不同,内贸及外贸装卸车的一般危险货物是按相应的货类加收 20%,烈性危险货物加收 100%,外贸的危险货物有其相应的费率标准。石棉、鱼粉、棉、麻以及其他动植物、化学纤维不按危险货物计收港口费用。

十五、计算集装袋包装水泥装卸费的业务规定

为了鼓励集装化运输,交通部有关部门对集装化运输的水泥实行新的收费标准,规定集装袋运输水泥装卸费按包装水泥装卸费率的 80% 计收,袋装水泥的基本费率是 26.75元/吨。

十六、杂项作业业务

(一)杂项作业业务的定义

杂项作业是船方或货方申请,为船舶或货物提供设备或进行其他辅助装卸生产的作业。向船方或货方收取的费用称为杂项作业费。

(二)杂项作业业务的作用

杂项作业从各方面对装卸生产提供支持和保障作用,促使装卸生产顺利进行。

（三）杂项作业业务的分类

与港口有关的杂项作业有以下几种：分票、拆包和倒包、灌包和缝包、挑样、一般扫舱、拆隔舱板、特殊平舱、倒垃圾、装卸船用防雨设备、污水处理、围油栏等。

（四）需要船方申请和签证的杂项作业

需要船方提出申请的作业项目有：捆拆、加固、铺舱、隔票、翻舱、开关舱、租用港口机械、租用港作船舶及设备、扫舱、洗舱、拆（搭）防动板、特殊平舱、处理污水。

必须由船方签证的作业项目有：引航、移泊、停泊（指与装卸无关的船方责任造成的停泊）、困难作业、分票、开关舱、装卸技术指导、供水、倒垃圾、工人待时。

第七节　理货业务标准

一、计算吞吐量的业务标准

① 自本港装船运出港的货物，计算为出口吞吐量。

② 由水运运进港卸下的货物，计算为进口吞吐量。

③ 由水运运进港卸下后又装船运出港区的转口货物，分别按进口和出口各计算一次吞吐量。

二、吞吐量和操作量的区别

货物吞吐量必须以该船需要在本港装卸的货物全部卸完或装完并办完交接手续后一次进行统计。吞吐量统计的截止时间一律以统计期末的最后一天的18时。

操作量是指通过一个完整的操作过程所装卸、搬运的货物数量。计量单位是操作吨。

三、吞吐量和船停时的统计截止日期和单位认定标准

吞吐量和船停时统计的截止日期一律为月、季、年最后一天18时。吞吐量的计算单位为吨，船停时的计算单位为艘天或艘时。

四、港口货垛标准化业务标准

港口货垛标准化要求是：按线码垛、整齐牢固、定量定型、数字准确、分票清楚、残损理出、标志向外、箭头向上、大不压小、重不压轻、干道不堵、保持间距、加固及时、苫盖要牢。

为使货垛达到标准，必须从"标准勾"做起。标准勾的具体要求是"一剔、二定、三不超"，即

① 剔除残损,分清原残、工残。
② 定量定型,码勾稳固,捆扎牢靠。
③ 不起高,不超宽,不超重。

五、"一号、二查、三核对"的认定标准

一号:号货垛,号票账,号图板。
二查:查标证,查残损,查票货
三核对:装前卸后要核对,交付时要核对,库存货垛核对,保障货、票、账、图四相符。

六、易碎货物的堆码业务标准

易碎货物有各种坛装、灌装、瓶装、缸装货物,以及玻璃制品、瓷器、陶器、灯管、灯泡、热水瓶、电视机、显像管、收录机等。其堆放要求是:箭头朝上、控制堆放高度不致受压损坏、码放稳固。

七、提高库场堆存量的业务标准

① 在不影响货运质量、机械操作、工人安全的情况下,可以把货物堆高,尽量利用空间。
② 同一票货物,必须做到堆垛成型后,再另开货位,避免一票货卸得分散,造成占货位过多,浪费库场容量。
③ 按照一票货物的多少,确定垛型的大小,选择适当货位,避免大货位堆存小批量货物。

八、提高库场利用率的业务标准

① 大票货物装船(装车)应做到一垛一清。如果甩下垛底,要及时装配。
② 对零星垛底、前方库场常提的货物、出口退关货物以及多发货、备货,要及时做好归并,腾出有效货位。
③ 库场内不得擅自搭建其他建筑物,不准堆放非生产物料和改做非生产使用。苫垫设备要固定地点存放,不得乱占正式货位。

九、库场总面积及计算的业务标准

库场总面积是指仓库、货物内部的总面积(多层仓库的总面积应该将各层内部总面积相加)。计算单位为平方米。
计算方法根据建筑形状可分别按以下公式计算。

$$长方形 = 长 \times 宽$$
$$梯形 = (上底 + 下底) \times 高 \div 2$$

$$三角形＝底×高÷2$$
$$多边形＝各三角形面积之和$$

十、库场有效面积及计算的业务标准

有效面积是指实际可以堆存货物的面积。其计算方法为如下。

$$有效面积＝总面积－不用堆货的面积$$

例如,在总面积中减去库场办公室、墙距、柱距、垛距、轨距、上下水井、下水沟、消防道、通道等。

十一、库场容量及计算的业务标准

库场容量(即库场一次堆存量)是指在同一时间库场有效面积最大安全堆存货物的吨数。库场容量的大小,随堆存货种而异。这个指标是编制计划、制定规划和测标库场通过能力的依据之一。

其计算方法如下。

$$库场一次堆存量(库场容量)＝库场有效面积×单位面积使用定额$$

十二、库场容量周转次数及计算的业务标准

库场容量周转次数有两种计算方法,反映不同的功能:一种是反映出库能力;另一种是反映库场实际使用的频繁程度。

① 报告期内日历天数与报告期内货物平均堆存天数之比。这个方法是按时间计算,说明库场在报告期内平均可使用的次数。用这个方法计算的周转次数反映出库场的能力,在报告期内,可以堆存多大数量的货物,可以适应多大规模的码头通过能力。

其计算方法如下。

$$库场容量周转次数(次)＝报告期日历天数÷报告期货物平均堆存天数$$

② 报告期内出库场货物的吨数与库场一次堆存量(库场容量)之比。这个方法只说明库场实际供使用的频繁程度,但不反映库场的实际能力。

其计算方法如下。

$$库场容量周转次数(次)＝报告期出库场吨数÷库场一次堆存量$$

十三、库场入库系数及计算的业务标准

货物入库系数是指经过港口吞吐的货物,其中部分通过库场、堆场,部分直装、直提,其堆存量与吞吐量之比。入库系数低反映装卸衔接组织工作做得好,减少了操作系数,有利于

节约人力、机力和装卸费用,有利于减少库场压力和提高货运质量。

其计算方法如下。

$$入库系数 = 堆存量 ÷ 吞吐量$$

十四、库场通过能力及计算的业务标准

库场通过能力是指在一定时期内,库场能够通过的最大货物吞吐量的能力。港口库场通过能力的提高,对扩大港口通过能力有重要意义。务必使库场通过能力适应港口吞吐量的要求,否则就会发生堵塞,出现压船、压货、压港的局面。在现有库场条件的基础上,提高库场通过能力的基本途径是加强疏运工作,缩短货物的平均堆存期,加快库场容量的周转,以及扩大车、船直取比重,减少操作系数。

其计算方法如下。

$$库场通过能力 = 库场一次堆存量 × 报告期日历天数 ÷ 平均堆存期 × 入库系数 × 不平衡系数$$

十五、货物堆存吨天及计算的业务标准

货物堆存吨天(即货物保管吨天)是指报告期内库场堆存货物的吨数与其堆存天数的乘积的总和,或报告期内每天库场结存吨数及出库场吨数的累计数。

其计算方法如下。

$$货物堆存吨天 = 每天库场总存吨数之和 + 每天出库场货物的吨数之和$$

十六、货物堆存量及计算的业务标准

货物堆存量是指报告期内库场堆存货物的累积吨数。

其计算方法如下。

$$货物堆存量 = 上期末库场结存吨数 + 本期每日入库货物的累计吨数$$

堆存量和堆存吨天数是反映港区实际完成的堆存工作量的指标,是评价库场完成工作量大小的依据。

十七、货物平均堆存期及计算的业务标准

货物平均堆存期(即平均保管天数)是指库场堆存的每吨货物平均在港区堆存的天数。

货物平均保管期长,反映了货物在港区库场停留的时间长,货物积压在库场,造成库场紧张。甚至堵塞,为适应船舶装卸的需要,应扩大库场通过能力,使货物平均堆存期越短越好。

其计算方法如下。

$$货物平均堆存期(天) = 货物堆存吨天 \div 出库场吨数$$

十八、库场运用率及计算的业务标准

库场运用率是指报告期内库场的平均利用情况。
其计算方法如下。

$$库场运用率(\%) = 货物堆存吨天 \div 报告期日历天数 \times 100\%$$

十九、交接性理货的范围界定标准

运输部门为了货物的交接和保管而配备的专职人员代表本单位交接货物,这一类的理货就是交接性理货。港口的库场理货是将出口货物交付船方;进口货物接卸入库、保管、转运交付货主。港口在进出口货物交接中对货物的溢短、残损等情况要如实地做好记录,并取得责任方的签认,以此作为向责任方办理索赔的依据。货物办理交接手续后的接收方对货物发生的短少和残损,负有赔偿责任。

二十、理货交接内容的业务界定标准

① 货物标志(唛头)、数量、货名、重量、残损、单号。
② 货垛的存放位置、保管情况及要求。
③ 各种单据、图账、图板。
④ 库场的各种设备及卫生等。

二十一、理货员在验收出口货垛时的业务标准

① 必须坚守岗位,坚持"一号、二查、三核对"。
② 认真执行卸货安排,特殊情况(如货位不足)要及时请示值班库长解决。
③ 每收齐一垛应及时号垛,并通知苫垛,苫盖后应在垛表面写清船号、提单号(若实行货垛牌制可省略此手续)。

二十二、装出口货时,理货员点垛时向工人交清事项的业务标准

① 垛前垛后有无散货和异常情况。
② 有无破头垛的情况。
③ 零头散垛的件数和地点。
④ 周围的多货、退关货及小票货。
⑤ 有无残损货物。
⑥ 装船顺序及注意事项等。

二十三、每工班结束,理货员应做工作的业务标准

① 首先与外理核对本工班的小票,包括票数、单号、件数、残损等,并互相签字。

② 在核对唛头、数字、残损的基础上,号清货垛,包括不齐的破头垛,同时记录在红卡上。

③ 有图板的库场要及时号清图板。

④ 每工班即将结束至报工班前,要督促装卸工将沿途的掉包掉件及时归垛。

二十四、理货现场交接班制度中的"五交接"的业务标准

① 交接船名、航次。

② 交接单号、唛头。

③ 交接残损。

④ 交接垛底"破头"数字。

⑤ 交接注意事项。

二十五、国内进口货物交接的业务标准

① 国内进口船舶在接卸前,仓库管理部门对船方交来的货运票据(如运单、交接单、船图、分舱单等)进行检查,核对各单所记载的各项内容是否相符,有不符的情况,应在当航次取得船放签认,并编制记录。

② 在卸货过程中,要按照单据核实装载情况,同时,港口必须做到定勾定量,按票出舱,堆码整齐,易于点清数字。卸货时发现残损、溢短或舱内有隔票不清、倒置、抖勾装舱等不合理装载,应通知船方共同检验,并当场编制记录。记录内容要详细具体。在舱内不便检查时,应与船方洽商同意后,在船边或库场检验并明确责任。

③ 对于船边直提作业的货物,仓库部门应会同货方、船方双边交接。对于散装货物、地脚货,灌包后记数交接,但不能充当正货交接。

④ 对危险品货物,应根据随物同行的危险品说明书进行作业;无危险品说明书的,必须取得收、发货人或船方的有效证明,并编制记录后再进行卸货。

二十六、国内出口货物交接的业务标准

① 收国内出口货时,必须把好质量验收关,对包装不坚固、破损及不适于运输条件的包装应让货方修理、加固或更换包装,对确实不符合运输条件的包装应拒绝收货。

② 收国内出口货时,若发现包装破损,要分清工残、原残,货物入库场时,要会同货方检查残损情况,当场确定责任,修复后要编制记录。

③ 货物装船时,库场人员依据装船顺序,按票出库(场)。每一张运单的货物,从装船开始到终了时,应通知船方,并检查库场内、沿途、甲板上有无掉件、漏装情况。大船里外档直

装货物,由船方、货方共同划勾记数,按票装船,并当场办清交接手续。

④ 全船装货完毕,货物的运单、交接单、分舱单、船图等必须填写一致,要单货相符,单货同行。对部分退关货要编制记录,随运单同行,并在运单的"起运港声明"栏内注明记录号码。在交接单上也做同样批注,认真核对无误后,再行封发。

⑤ 中转运输、联合运输货物的各种单据,也应单货相符,单货同行。

二十七、国外进口货物交接的业务标准

国外进口货物卸货时,仓库及主管部门应依据舱单及其他有关资料,详细编制分唛单,并在分唛单及收货卡片上注明下列各项内容。

① 危险品。

② 国际展品、礼品、样品、邮件、捎包、使领馆物品及其他涉外物品。

③ 贵重物品、精密仪器、稀有金属、高精尖设备、贵重药品等。

④ 备用袋、垫舱物料及捆绑索具。

⑤ 甲板上的货物名称、数量。

⑥ 收货单位、到站地点及卸货地点。

⑦ 合票、并票。

⑧ 其他应注明的事项。

卸货时,大宗货物要定勾、定量、定型。件杂货要按票出舱。大船里外档装驳、装车的直提货物,均应双方划数、点件交接。

凡入库的货物,要做到收货考虑疏运(如装车、装驳),堆垛考虑保管和苫垫,同时要按货物堆码标准和常识码垛。

对残损货物,经船方验看后,应集中出舱,不能与好货混卸、混堆。地脚货不能与正货混堆。工残应取得责任者签认,原残应取得船方(外理)签认。

对涉外物资、特殊物品及有特殊要求的货物,要派专人监卸。政治性货物要设专库保管。

卸货过程中发现的 N/M 或 N/N 货物,要会同有关部门查证资料,商办抵补事宜,尽量减少不应有的溢短签证。全船卸货完毕,仓库与船方(外理组长)按舱单逐票核实数字和残损,双方各项记录相符后,共同办理对外签证手续。

进口货物装车前,库场管理人员必须向提货人索取提货凭证,核对船号(航次)、单号、唛头、卡片号、点清件数,并查看邻垛及周围环境,按配装要求装车,做到不错装,不漏装。装车完毕要与提货人当场办清提货手续,做到账、图、货、单据四相符。

二十八、国外出口货物交接的业务标准

收国外出口货物时,要向货主索取发货条。依据卸货计划安排表,核对发货单上的船名、港口单号无误后,按照港口顺序,一票货卸在一处。卸货中发现残损或包装不良的货物,要甩在垛外,待货方处理,加固后再归垛。每票货卸完,仓库人员与货方共同核对数字、残损无误后,互相签字交接。卸货中发生工残,库场员要取得责任方的签认。

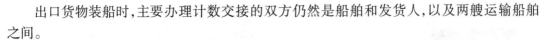

出口货物装船时,主要办理计数交接的双方仍然是船舶和发货人,以及两艘运输船舶之间。

由发货人船边直装的货物(包括里、外档),仓库会同船舶、发货人双边交接。

由收货人船边直提的货物(包括里、外档),仓库会同船舶、收货人双边交接。

两艘运输船舶之间实行船过船作业,仓库会同双方船舶实行双边交接。

两艘运输船舶之间实行船过船作业时,有条件的可以采取挂牌计数或小票交接办法,传递双方计数交接。不具备这种交接条件的可采取以下办法。

① 对国际航线(包括港澳航线)进出口船舶和国内运输船舶之间实行船过船作业时,双方理货员要在国际航线船舶上办理交接。

② 对两艘国内运输船舶之间实行船过船作业时,双方理货员应在接货方船上办理双边交接。

第六章

外轮船舶理货业务

第一节 外轮理货概述

外轮理货是国际海上货物运输中不可缺少的一项工作。外轮理货处于承、托双方的中间地位，履行判断货物交接数量和外表状况的职能。因此，它对于承、托双方履行运输契约，承运方保质保量地完成运输任务，以及买卖双方履行贸易合同都具有重要意义。

外轮理货以中间人的身份独立地对承、托双方交接的数量和状况，做出实事求是的判断和确认，并出具具有法律效力的理货证明，据以划分承、托双方的责任。外轮理货工作具有公证性、服务性、涉外性和国际性的特点。

一、我国外轮理货工作的沿革

（一）私人公证行时期

我国外轮理货工作最早可以追溯到 1840 年鸦片战争后，随着广州、福州、宁波、上海、厦门 5 个通商口岸的开放，外轮运载的货物大量涌进中国，理货作业应运而生，逐渐形成了一项专业性的工作。但当时这些组织都是私人开办的，所以被称为某某私人公证行。

（二）国营理货机构时期

新中国成立之后，国家在进行公有化改造时，将私有公证行改造成为国营的理货机构。在 1956—1958 年三年期间基本改造完成。1959 年，理货从外代公司分出，独立成为一个专业公司。

由于新中国成立后的进出口货物主要还是由外籍船舶来运输，因此各港口的理货工作就成为专门为外籍船舶理货的机构，故称为外轮理货公司。

（三）全国统一的理货组织

自 1961 年之后，由于我国外轮理货队伍的壮大，以及对外联系的需要，在交通部的统一规划下，全国建立了统一的理货组织，成立中国外轮理货公司。总部设在北京，各对外港口设立分公司或办事处。

二、外轮理货的原则

① 讲求实事求是的原则。理货工作中按事实工作,是每个理货人员都必须严格执行的工作原则。

② 船边交接的原则。货物交接以船边为界,交前由交方负责,接后由接方负责,这是理货交接的原则,也是确定理货方法和理货人员工作岗位的准则。

③ 一次签证的原则。理货签证以一次为准,这是理货签证的原则,也是对理货人员的严格要求。一次签证的前提是理货数字必须准确。这就要求理货数字百分之百的正确,否则一次签证就成了一句空话。

三、外轮理货业务的主要种类

目前的外轮理货业务可以分为以下几种类型。

① 根据进口舱单和出口装货单,核对货物上的主标识是否相符,按票理清货物数字,分清或剔除残损货物,办理货物交接手续。

② 指导和监督货物装舱积载、隔票和分票卸货,分清货物工残、原残。

③ 依据理货结果,出具进口货物溢短、残损证明,签批出口货物装货单,提供原始理货单证。

④ 根据货物实际装船情况,绘制积载图,制作分舱单。

⑤ 船舶积载和货物挑样、分规格等。

⑥ 集装箱装卸船的理箱和装拆箱的理货业务。

⑦ 丈量货物尺码,计算货物容积。

⑧ 办理散装货物装卸船的单证手续业务,包括提供装卸进度、分清货物残损、办理交接签证手续、提供理货单证。

⑨ 区别理货,随船理货,出国理货。

⑩ 其他理货业务。

四、外轮理货的主要业务

(一)属于应由理货公司代表船方办理的理货业务

这类理货业务包括:按舱单(进口货物)、装货单(出口货物)和货物上标明的主标志(即合同号或几何图形、符号),清理货物数字,分清货物残损;清理集装箱数字,分清集装箱残损;集装箱装拆箱的施封、验封以及理清箱内货物数字,分清箱内货物残损;绘制货物积载图和集装箱积载图,制作货物分舱单;分清混装货物主标志;根据理货结果,办理交接、签证手续,提供有关理货单证。

(二)属于委托的理货业务

收发货人或国外各单位委托办理属代办的各项理货业务包括:散装货物装卸船的单证、

手续业务,提供货物装卸进度,分清货物残损,办理交接、签证手续,绘制货物积载图;集装箱在各地装拆箱的施封、验封以及理清箱内货物数字,分清箱内货物残损,制作装箱单等;货物的甩样、分规格、挑小号;随船理货;出国理货;对空运货物理货和其他有关业务。

五、外轮理货岗位的要求

理货岗位通常是指理货员的工作岗位。在船舶装卸货物过程中,理货员的工作岗位在舱内、甲板或船边,是由船方对货物所承担的责任界限所决定的。外轮理货公司对理货岗位有一定的要求,主要有下面 5 条。

① 理货时,理货员始终坚守在理货岗位上,不能以任何理由离开岗位。

② 过驳作业时,为了便于点清货物数字,通常要求代表货方的驳船船员或理货员到大船上,与船方理货员进行双边理货交接。

③ 理货员在舱内、甲板或船边理货时,要选择既安全,又便于看清货物、点清数字的位置。

④ 理货员在理货过程中,如需要临时离开岗位时,一定要有其他理货人员顶替,否则不得离开。

⑤ 远离船边理货,在船上房间内透过窗口理货,都是不允许的。

六、外轮理货依据

理货依据是指能够用来检查、核对数字和标志是否符合要求的单证资料,如进口舱单、出口装货单、集装箱装箱单等。

对理货依据的要求主要有 3 条。

① 必须能够反映货物上面的主标志。

② 能够被承、托双方所接受。

③ 其格式与内容必须符合国际常规。

理货依据是判断货物是否符合要求和数字溢短的依据。因此,要更改理货依据,必须办理更正手续。如船方要求更改舱单内容时,应通过外代提供书面凭证,方为有效;如发现货方要求更改装货单内容时,应该在装货单上加盖外代的更正章,方为有效。理货依据通常由委托方提供。如果委托方不能提供理货依据,进口货物就不能卸船,出口货物就不能装船。

七、理货工作程序

(一)理货的进口工作程序

1. 卸货前

索取卸船理货资料——舱口交接班簿和分标志单一份(亦称分唛单)。分唛单是按舱单复制的,由于多种原因,不一定正确。如在理货过程中发现杂唛或唛头不清时,应该查阅原始进口舱单。

听取理货组长对本舱口货物种类、票数、舱内积载、分隔情况的介绍,了解理货要求和装

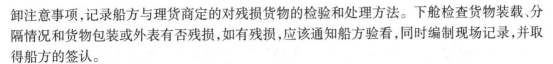

卸注意事项,记录船方与理货商定的对残损货物的检验和处理方法。下舱检查货物装载、分隔情况和货物包装或外表有否残损,如有残损,应该通知船方验看,同时编制现场记录,并取得船方的签认。

2. 卸货过程中

根据不同货种,采用正确的理货方法,理清货物件数。督促工组做到大宗货定勾、定量、定型;其他货物、货种一般做到堆放整齐,标志朝外。按进口舱单复制的分唛单,核对货物标志。认真检查、核对货物标志、货物外表,如发现工残,应编制内部现场记录,取得装卸队长或组长的签认。如遇重大工残,应立即停工汇报,待问题解决后,方可继续理货。对装舱混乱、隔票不清等情况要编制混装记录。

3. 卸货结束(指本工班)

汇总本工班所卸货物件数和残损情况。填制外理三联单,并提请仓库员或收货人签认。按实际每关件数,填制计数单,计数单数字应与三联单数字相符。按实际残损情况编制现场记录。在分唛单上注销已卸件数,对由船方等原因造成的停工待时要在计数单上注明。如卸工班继续卸货,应进行交班。

(二)理货的出口工作程序

1. 装货前

向理货长索取装(收)货单、附页及所理舱口情况的交班本。听取理货长对装舱的港口次序、隔票等要求。向工组提出装舱积载和分隔衬垫要求以及装卸注意事项。依港口顺序、货物轻重和特性,整理好装(收)货单,按船方要求的程序装货。

2. 装货过程中

按操作过程和货类,采用适当理货方法。按装货次序要求,将附页发放给库场员,要求按单分票发出。按装货单核对货物标志、包装形式及港口等,点清件数。如发现件数与装(收)货单不符时,应及时通知发货人。认真检查货物外表状况,发现残损立即退回或通知发货人处理解决。按船方要求及时通知工组分隔,并随时抽查隔离、装舱情况。

3. 装货结束

汇总本工班所装货物件数,与发货人办理交接签证手续。按票按勾填写理货计数单。按实际装舱位置和进舱件数,批注装(收)货单。对由于船方原因造成的理货人员停工待时要在计数单上注明。有残损货物剔出,对未装船的货物,应将该票的附页从库场员手中取回,与装(收)货单一并退给理货长。

第二节　件杂货船理货业务

一、件杂货的定义

件杂货是从运输、装卸和保管的角度相对于港口上所装卸的散货、液体货等而言的,通

常是指有包装或无包装散件装运的货物。其包装类型各不相同,如袋装、捆装、箱装、桶装、筐装、篓装、坛装、裸装货物等。件杂货的装卸过程和理货过程都比较复杂,这是由于有些货物虽然性质和品种完全相同,但包装会有所不同;有些货物虽然包装相同,但是它的尺寸和重量却大不相同,同时在装卸时进出口同时存在。

二、件杂货进出口理货程序

件杂货进出口理货程序如下。

① 装船前的准备。装货前取得货物的进口舱单、船舶积载图等相关单证资料。在装货之前理货人应该从货代或船代、发货人处取得货物装货单、船舶积载图等相关单证资料进行登记整理。与港口相关部门联系装卸时间的同时,准备理货工具和理货单证。

② 登船后的工作如下。

1）联系大副,了解情况。

2）明确理货装载时的衬垫、隔票、退关、批注等情况。

3）了解装货港、航行途中和中途港的天气及中途港的卸货情况。装货理货时,了解卸货港的顺序,是否有过境货、转口货及其装舱要求。

4）了解特殊货物以及备用袋的积载位置。

5）明确理货工作的要求和相关注意事项。

6）商定对残损货物的验证、确认方法,集中验残还是随时验残;是否待"现场记录"确认后再起卸等。

③ 卸船时各理货员在接到单船理货员分派的工作任务后,首先检查所理货舱内货物的隔票包装情况。

④ 在理货过程中,根据不同货物的作业要求,在舱内、甲板或船边与库场理货员或收货人进行理货交接。核对卸船货物标识,分清货物的残损,对混票及残损货物,及时编制现场作业记录,并取得责任方的签认。装货时,根据装货单核对货物的卸港、标识、包装、件数和外表状态,发现理货数字不符和货物残损,应通知库场理货员或发货人调换或修补。

⑤ 每日工班结束后,编制理货计数单。记录货物已装或卸船的时间,根据当班计数单的汇总,编制日报表。

⑥ 货物卸完后,记录完成时间。与库场或收货人核对理货结果,检查舱内货物是否有错、漏卸,复查全船所有理货单证。汇总现场记录编制的货物残损单,根据进口舱单、计数单编制货物溢短单,根据积载草图绘制货物实际积载图,制作理货业务凭证。经船舶签证后,理货结束。

第三节　集装箱船理货业务

在集装箱的装卸过程中,理货员应在船上或船边计箱数,核对箱号,检查箱外表和铅封是否完好,填制集装箱理箱单及相关单证。理货工作的开展与港区的生产作业计划有密切联系。

一、进口集装箱理箱操作

（一）卸船前的准备工作

① 准备资料。向船公司或者其船代索取进口集装箱积载图、集装箱舱单、危险品清单、冷藏箱清单、倒箱清单等。如果是第一次靠泊的船,应向船公司或其船代索取有关船舶的相关资料。核对好后通知单船理货长。

② 派工。根据预先派工计划,作业前及时与港区的调度联系确认船舶的靠泊时间、地点,派出单船理货员和理货员,安排每条作业线的理货员,准备好相关的空白理货单证、相关资料、理货用具等。

③ 了解靠泊计划。了解船舶的靠泊时间和靠泊计划,了解装载情况,商定对残损箱及空箱的处理方法。联系船公司或船代,了解货物残损情况,商定验残方法和卸箱时的注意事项,了解一些困难作业的作业点情况或者有特殊要求的操作。

（二）卸船理箱工作

① 理货员根据与舱单核对的积载图理箱,认真核对箱号,检查箱体和铅封是否完好,并在积载图上逐一核销,一个泊位结束填写单船理货交接记录,并报理货长。

② 如发现进口集装箱外表原残或铅封断失时,理货人员应联系船方验看确认,并记载在理箱单上,经船方签字后,提供船方一份。对铅封断失的集装箱,理货员应重新施加铅封,并在理箱单上写明铅封号。

③ 理箱过程中发现箱号与单证记载不符的集装箱,及时与船公司或者其代理联系,确认后方可卸船,对进口舱单没有列明的而船方坚持卸船的集装箱,应按溢短箱处理。

④ 由于船方原因造成待时的,单船理货长根据实际待时时间编制待时记录,并由船方确认。

⑤ 工班结束后,编制理箱单,确认节假日、夜班工作时间。

（三）完船和签证

① 在全船理箱结束时,单船理货长应根据理箱单和舱单,汇总编制集装箱溢短/残损单,进口一式六份,经船方签字后,提供船方、海关、船代、集装箱公司、船公司各一份;出口一式三份,经船方签字后,提供船方、集装箱公司各一份。绘制出口集装箱积载图一式六份,经船方签字后,提供船方四份、船代一份。制作理货证明书一式三份,经船方签字后,提供船方、船代各一份。

② 卸船结束后,与船方签证,确认理货结束及理货情况。

二、出口集装箱理箱操作

（一）装船前的准备工作

① 准备资料。通过 EDI 或者从港区相关部门取得集装箱预配图、大副收据/场站收据、

装载清单等。审查出口集装箱预配图、大副收据/场站收据、装载清单内容一致,准确无误。如果不符,及时和船公司或港区取得联系,确认更正。

② 派工。根据生产计划,派出单船理货员和理货员,布置任务,提出要求。准备相关空白理货单证。

③ 单船理货长在作业前应向船公司或其代理人、港区索取预配图,核对出图时间和船舶结构。

④ 了解船舶的装载要求,征求船方对特种箱的装载要求,如危险品、冷藏箱、超限箱等。

(二)装船理箱工作过程

① 严格按预配图装船,不同卸货港集装箱严禁随意混装,如果要对某一贝、列、层集装箱混装,在不影响卸货港卸船作业的情况下,应取得船方或者船公司的指示。

② 理货员根据集装箱装船预配图理箱,认真核对箱号,检查箱体和铅封是否完好,并在装船预配图逐一标注已装船集装箱的箱号。一个贝位结束填写单船理货交接记录,并报理货长。

③ 理货员应常与库场理货(内理)核对,理箱单需由库场理货核对签认。

④ 如发现集装箱外表残损或铅封断失时,理货人员应联系集装箱公司或装箱单位处理。如未及时处理时,理货员应记载在理箱单上。

⑤ 装船过程中如有加载或退关情况,应该有港区或船公司相关的书面通知。

(三)理箱结束工作

在全船理箱结束时,单船理货长应根据理箱单等单证汇总相应数据核对出口集装箱清单数据,检查是否有错装、漏装。编制理货业务凭证、集装箱溢短/残损单。集装箱溢短/残损单出口一式三份,经船方签字后,提供船方、集装箱公司各一份。绘制出口集装箱积载图一式六份,经船方签字后,提供船方四份、外代一份。制作理货证明书一式三份,经船方签字后,提供船方、船代各一份。

三、集装箱装箱、拆箱理货操作

(一)交接

对船方负责箱内货物的集装箱,应根据装拆箱单位通知,在装拆箱时,派出理货人员到场理货。在港区装拆箱,与仓库或集装箱公司办理货物交接;在港区外装拆箱,与收、发货人办理货物交接。均应编制装/拆箱理货单一份,需经装拆箱单位签字,货物残损情况,填写在"备注"栏内。根据进口理货单,汇总编制集装箱货物溢短/残损单一式五份,提供船公司、海关、船代、收货人各一份。根据出口理货单,批注装货单。如收发货人或其他委托方委托对集装箱内货物进行理货时,应根据装拆箱单位通知,在装拆箱时派出理货人员到场理货。

(二)装箱理货

在装箱前,向场站索取装箱预配单或其他装箱资料。核对集装箱箱号,检查集装箱箱体

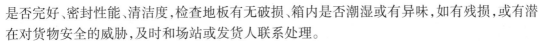

是否完好、密封性能、清洁度,检查地板有无破损、箱内是否潮湿或有异味,如有残损,或有潜在对货物安全的威胁,及时和场站或发货人联系处理。

理货员应该核对装箱货物的标志、件数、包装等,进行箱边理货,填制装/拆箱理货单,与场站办理货物交接手续。如果是拼箱货,要核对货名,分清标志,隔票清楚。

理货员协助和指导工人做好箱内货物的积载工作。主要检查对货物的捆绑、衬垫、加固等,在确保货物安全的情况下,合理分布积载货物,充分利用集装箱的有效容积。

对一些不同性质、不同种类的危险品同装一箱时,应根据《国际海运危险货物规则》的隔离要求对不同性质的危险货物进行有效的隔离。对包装破损、货物残损原则上应更换包装、换货才能装箱。否则需发货人确认才能装箱。

对实际装箱的货物数量与装箱预配单或其他装箱资料不相符的,按实际理货数字制作装/拆箱理货单。对实际装箱的货名、标记与装箱预配单不一致的,不得装箱。对装箱集装箱,在货物装箱后,理货人员应施加铅封。

(三) 拆箱理货

在拆箱前,向场站索取进口集装箱装箱舱单或提货单,必要时索取装箱单。在理货前,必须确认海关已放行或接到海关监管指令后才能进行。核对集装箱箱号,检查集装箱箱体是否完好、铅封是否完好,如有残缺,及时做好记录。

理货员应对照相关单证核对箱号、铅封进行理货。核对货物的标志、件数、包装等,理清数字,分清残损,做好记录。

对拆箱集装箱,理货人员应验封。如发现铅封断失或拆箱单位自行启封的,对箱内货物数字短少或残损,不得编制集装箱货物溢短/残损单,应由拆箱单位自行负责。对船方签认铅封断失的集装箱,不论船方是否负责箱内货物,在启封前,理货人员均应到场验封、理货。

对拼箱货物拆箱理货,理货人员应该认真细致地做好箱内货物的分票工作,仔细核对各票货物的标志,理清数字。

在拆箱过程中出现的实际货物与进口集装箱舱单(提货单或装箱单)数字有溢短的话,做好相应的溢短记录;有原残的,做好原残记录。

理货结束后,正确编制装/拆箱理货单,注明理货时间、拆箱地点及场站人员的签认。

四、集装箱运输责任的划分

在运输、装卸过程中,要建立集装箱运输货物交接制度,重箱凭箱体、铅封状况,空箱凭箱体状况进行交接和划分责任。

(一) 具体交接方式

① 港口与船舶在船边交接。

② 港口与收货人、港口与铁路、港口与汽车在装卸现场交接。

交接时,交接双方应签署集装箱清单。货物交接凭装箱人填写的集装箱货物装箱单办理。在交接过程中,发生、发现箱体损坏或内装货物残损、短少,应编制集装箱、货物残损记录,作为划分责任的依据,由损坏责任方承担赔偿责任。

（二）责任划分

① 箱体完好,铅封完整,内货发生残损或短少,由装箱单位负责。在运输过程中或装船前发现破封,应由破封单位或交方负责补封并编制补封记录。拆封时,发现货损货差,由补封单位负责。到达港卸船时,发现破封,船舶与起运港编有补封记录的,由起运港负责;未编补封记录的,由船、港双方共同开箱检查,并编制记录,如有货损货差由船方负责。到达港保管中发生的破封,交付时发现货损货差,由到达港负责。

② 铅封完好,但由于碰撞或挤压造成箱体角柱、板壁、箱门凹陷和箱体严重变形,箱体板壁面有破洞、创伤,以及直观能发现的水密垫明显损坏等情况,导致内货残损或短少,由责任单位负责。

③ 装箱时,装箱人要检查箱体,不适合装货的集装箱不得使用。如因起运港对箱体检查不严或安排货载不当,导致货物水湿或其他残损,由起运港负责。

④ 因箱体本身潜在缺陷,如透光检查无法发现渗漏等,造成货物湿损,由集装箱所属单位负责。船舶配装集装箱,由船舶负责绑扎加固。联运集装箱在换装港卸船时,发现破封,由换装港会同船舶共同补封并编制补封记录;到达港交付时,发现货损货差,有船方与起运港编制补封记录的,由起运港负责,无起运港与船舶编制补封记录的,由一程船舶负责。如发现箱体不适合装货,必须更换箱体完好的集装箱,并编制记录,换箱费用由责任方承担。

⑤ 为加强集装箱管理,掌握集装箱流向、动态,凡提离港区的集装箱(不分空、重箱),均应填写集装箱发放单,用箱人应按期归还,超期者按规定缴纳延滞费。如有损坏应编制集装箱、货物残损记录,并承担赔偿责任。

第四节　外轮理货单证

一、主要的理货单证

（一）委托书（Application for Tally）

委托书是委托方委托理货机构办理理货业务的书面凭证。属于委托性的理货业务,用理货委托书;属于强制性的理货业务,则不需要理货委托书。例如,国际航线船舶在我国港口装卸件货、集装箱以及船方负责集装箱内货物的装拆箱理货业务,不需要提出理货委托;中国外轮理货公司经营,但如果是其他理货业务,如船舶吃水记重、散装货物理货等,在办理理货业务时需要提出理货委托。

（二）计数单（Tally Sheet）

计数单是理货计数的原始证明,是理货员按票分清货物标志、按关(勾)填写货物件数、记录附加理货内容的原始记录。内容包括票号,件数,货物溢短、残损,工班作业时间、作业舱口,节假日和夜班工作时间,分标志情况,非一般货舱,待工时间,海事货物,融化、冻结、凝固、黏连

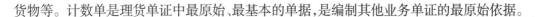

货物等。计数单是理货单证中最原始、最基本的单据,是编制其他业务单证的最原始依据。

(三) 现场记录(On – the – Spot – Record)

现场记录是记载货物异常状态和现场情况的原始凭证。记录货物的原残,混票、隔票不清,船方原因造成的待工或困难作业等情况。

(四) 日报单(Daily Report)

日报单是向委托方报告,单船理货长向船方报告货物、集装箱每天装卸进度的单证。每24小时提供一次或根据委托方的要求。

(五) 待时记录(Stand – by Time Record)

待时记录是记载由于船方原因造成理货人员停工待时的证明。船方原因包括船舶停电(No Power)、船舶吊机故障、舱内打冷、开关舱、绑扎的拆装、加衬垫、隔票、舱内翻舱等。

(六) 货物溢短单(Overlanded/Shortlanded Cargo List)

货物溢短单是记载进口货物数字溢出或短少的证明。

(七) 货物残损单(Damaged Cargo List)

货物残损单是记载进口货物原残情况的证明。

(八) 货物分舱单(Cargo Hatch List)

货物分舱单是分港记载每票货物装舱部位的清单。货物分舱单对卸货港制订卸船作业计划、船方掌握舱内卸货进度、理货员指导装卸工人按票卸货等都起着一定的作用。货物分舱单上列明货物的件数、包装或散装及相应的重量。

(九) 分港卸货单(Discharging Report in Separate Ports)

分港卸货单是记载同一票货物在两个港口分卸时,第一个卸货港卸货件数的证明。

(十) 货物积载图(Stowage Plan)

货物积载图是出口货物实际装舱部位的示意图。积载图是船方进行货物运输、保管、卸船等工作必须掌握的资料。货物积载图是卸货港制订卸船作业计划、安排泊位、货物进舱、派泊和调车的主要依据,是卸货港理货的参考资料,是处理海上货物运输事故的依据之一。

(十一) 理货证明书(Tally Certificate)

理货证明书是船方、委托方确认理货工作的证明。

(十二) 理货结果汇总证明(Certificate of Summary on Tally)

理货结果汇总证明是记载全船货物或集装箱经理货(箱)后的最终理货结果,同时也可反映货物的数量、质量及有关情况。

（十三）集装箱理箱单（Tally Sheet for Containers）

集装箱理箱单是集装箱装卸船时理箱计数、分残的原始凭证，也是单船理货长编制集装箱溢短/残损、集装箱积载图、理货业务凭证和理货结果汇总证明的原始依据。其记载集装箱的箱号、箱主、重箱/空箱、铅封的情况（完好、丢失或断落，重新施封的情况）。

（十四）集装箱溢短/残损单（Outturn List for Containers）

集装箱溢短/残损单是记载集装箱数字溢短和原残情况的证明。由单船理货长根据箱单和现场记录对照舱单汇总编制，如果无溢短、残损时，应注明"无"或"NIL"。对溢卸集装箱，则按实际的箱号、箱型尺寸、重/空箱记录；如果是短卸，则按舱单的箱号、箱型尺寸、重/空箱记录。

（十五）装/拆箱理货单（Tally Sheet for Stuffing/Devanning）

装/拆箱理货单是理货员记载集装箱内装拆箱时货物票号、理货计数、残损情况的原始记录，是编制货物溢短单的依据。该单据上写明装/拆箱地点，单位名称、地址，集装箱的实际尺寸类型，铅封情况，货物的残损情况等。

（十六）集装箱货物溢短/残损单（Outturn List for Containerized Cargo）

集装箱货物溢短/残损单是记载集装箱内货物数字溢短和原残情况的证明。它是海关对箱内货物进行监管和有关方进行索赔的重要依据。对一票货物装多个集装箱，舱单列明分箱数字，按箱列明件数溢短和货物原残。

（十七）集装箱验封/施封记录（Record of Container Sealing/Seal Examining）

集装箱验封/施封记录是记载集装箱铅封完好情况和重新施封情况的单证。

（十八）集装箱积载图（Container Stowage Plan）

集装箱积载图由三部分组成：贝位图（Bay Plan）、综合明细单（Container Summary）和总积载图（General Stowage Plan）。贝位图记录每个集装箱的箱号、重量、位置、箱型、尺寸、超限情况等；总积载图是全船总箱位分布图。

（十九）认赔通知单（Notice of Payment）和付款单（Payment Order）

认赔通知单和付款单是向索赔方承认赔偿和支付赔款的证明。

（二十）载驳船装/卸驳船清单（List of Loading/Unloading LASH Lighters）

载驳船/卸驳船清单是记载载驳船数量、装卸子船计数和驳船原残、分残情况的原始凭证。

（二十一）货物丈量单（List of Cargo Measurement）

货物丈量单是记载丈量货物尺码的单证。

（二十二）复查单（Rechecking List）

复查单是对原理货经过复查后出具的单证,是复查理货结果的凭证。

（二十三）更正单（Correction List）

更正单是更正原理货结果的单证。

（二十四）分标志单（List of Marks Assorting）

分标志单是对进口混装货物且卸船当时混卸,卸船后分清标志并向船公司提供有关情况的凭证。

（二十五）查询单（Cargo Tracer）

查询单是向对方调查理货情况的单证。

二、理货单证的制单要求

① 理货单证必须能如实反映理货结果和现场发生的情况,要求数字准确、内容清楚、文字精练,字迹清晰、工整,不得涂改。

② 理货单证上的术语、缩略语,如包装、舱位、残损、批注等,要用国际航运上通用的表示方法。

③ 单证上的重量以公吨为单位,体积以立方米为单位,时间以小时和分钟为单位。

④ 理货单证上的库、场、车、驳号按堆存货物的港口库、场编号填写,火车、汽车、驳船接运货物,按实际车、驳号填写。

⑤ 理货单证上的提单号/装货单号按进口舱单或出口装货单上的实际编号填写,如果无编号也应说明。多票货物混卸时,记录实际混票货物提单号。

⑥ 如实填写货物的主标志。

⑦ 货名按照进口舱单或出口装货单上的主要货名或实际货名填写。

⑧ 理货单证上必须有当值理货员的签名。

第三篇
港口调度业务

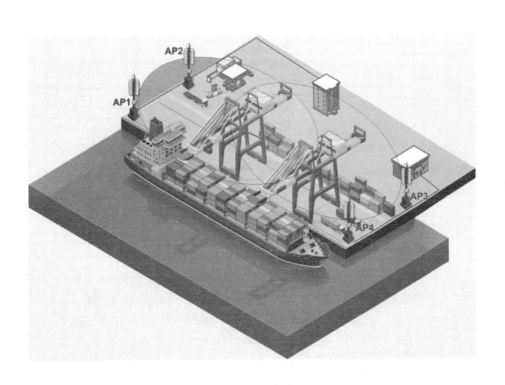

第七章

港口调度业务流程

第一节　港口调度岗位简介

如第一篇关于港口企业集团与其旗下子公司的结构关系所述的那样,这里的港口调度岗位是指集团旗下的码头子公司的调度岗位。在我国所有国有港口企业集团旗下码头子公司中,调度岗位的设置也是有区别的,但基本的岗位群是相似的。为此,本书对港口调度岗位的介绍,是从国内所有国有港口企业的共性角度来叙述的,如与有些港口有区别可做参考理解;随着码头信息无人化操作的深入和普及,港口调度岗位会缩减、并化部分功能,但本书对于码头调度原初业务全貌的理解以及简化后的业务的出处理解也是有帮助的,希望读者或在校师生灵活理解和使用。

一、港口调度岗位设置及人员配备

港口调度岗位的设置分调度计划部门岗位群、调度指挥部门岗位群和调度执行部门岗位群三部分。

(一)调度计划部门岗位群主要人员配备

调度室主任 1 人,负责整体调度业务的全面工作。

副主任(计划主任)2 人,协助调度室主任搞好日常生产计划和具体管理、协调工作。

计划员若干人,负责编制昼夜装卸作业计划和综合 5 日计划。一般分综合计划员和单船计划员两类岗位。

(二)调度指挥部门岗位群主要人员配备

值班主任三班配置 4 人(三班各班 1 人,1 人机动),负责监督检查本班的昼夜装卸作业计划的实施,协调各个部门之间的关系,组织连续生产等全面指挥工作。

航运值班调度(相对于陆运调度而言,称之为主调,陆运调度为副调)三班配置若干人,负责贯彻执行昼夜装卸作业计划,制订工班作业计划。控制装卸作业各个要素,指导单船业务员的工作。

（三）调度执行部门岗位群主要人员配备

单船业务员三班配置若干人。全权负责单船作业的组织、指挥的现场工作。

二、港口调度部门与生产一线部门及相互关系

二者的相关部门有货运部门、理货部门、机械部门、装卸部门、安全部门、工艺部门。

二者的相互关系如下。

① 货运部门的主要任务是揽货，以拓展货源市场为主。

② 调度部门主要以船方市场为主，对船、车、货、人、机、场进行调配，以满足船方、货主的要求。

③ 理货部门的主要业务是负责进出港有关货物的装卸、堆码的指导；负责货物的隔票、计数、溢短、损失损坏、赔偿、理赔等。

④ 机械、装卸部门主要为进、出口货物提供机械和装卸服务。

⑤ 安全、工艺部门主要为理货、装卸、机械部门进行安全监督及工艺设计和指导的工作。

⑥ 理货、机械、装卸、安全、工艺部门都在调度部门的统一指挥下进行业务活动。

第二节　港口调度作业总流程

港口调度生产作业是指从车、船到达，组织在港各项作业、货物在不同运输方式之间完成换装的组织过程。

整个生产过程，按其程序可划分为生产准备过程、基本生产过程、辅助生产过程和生产服务过程 4 个阶段。

一、生产准备过程

生产准备过程是指基本生产活动之前，港内所进行的全部技术准备和组织准备工作。其主要包括：编制出装卸作业计划，并且根据计划完成货物操作过程及装卸工艺的确定；装卸地点、库场、接运工具的确定与准备，装卸机械的准备，以及货运文件的准备等。这些工作是确保基本生产过程顺利进行的基本前提。

二、基本生产过程

基本生产过程是指货物在港里所进行的装卸过程，又叫货物的换装过程。系指货物从进港到出港所进行的全部作业的综合，是直接完成船、车货物的装卸过程。它包括卸船过程、装船过程、卸车过程、装车过程、库场作业过程、港内运输以及其他生产性作业等。

货物在港内储存时间，根据需要可进行库场之间搬运，这类作业应视为一个独立操作过

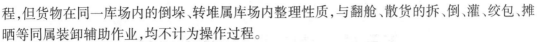

程,但货物在同一库场内的倒垛、转堆属库场内整理性质,与翻舱、散货的拆、倒、灌、绞包、摊晒等同属装卸辅助作业,均不计为操作过程。

港口为了便于抓好各环节之间的衔接与配合,实现装卸工作机械化和合理的劳动组织,实现港口生产全面质量管理,港口又将操作过程划分为若干个工序。

工序是组成港口基本生产过程的最小单元,是指在一个完整的操作过程中,能起独立作用的部分。通常港口的作业过程可划分为以下几个工序。

① 舱底作业工序,包括装船和卸船时在舱内的摘挂钩、拆码货组、拆码垛及平舱、清舱等全部作业。

② 起落舱作业工序,包括装船和卸船时船舱到岸、岸到船舱、船舱到车辆、车辆到船舱以及船舱到船舱的作业。

③ 水平搬运作业工序,包括码头、库场、车辆之间水平搬运作业。

④ 车内作业工序,包括装卸车时的上、下搬动,做关、拆关,车内的拆码垛作业。

⑤ 库内作业工序,包括库场内的拆码垛、拆码货组、供喂料作业。

在既定的作业工序中,完成一吨货物的操作,计算一个工序吨。使用机械操作的计算机械作业工序吨,使用人力操作的计算人力操作工序吨。工序吨的计算是衡量机械化程度的重要依据。

在进行基本生产过程组织时,要使组成操作过程各装卸工序的生产能力协调一致,否则,整个操作过程的装卸效率将受到最薄弱环节的装卸作业工序能力的制约。因此,所谓保证基本生产过程(或操作过程)的协调性和连续性,就是要保证其他非主导工序向主导工序协调,以保证主导工序的连续性。所谓主导工序是指对整个装卸作业过程起主导作用的工序。例如,组织船—库(场)作业过程,其主导工序就是指卸船(或装船)机械的效率。

三、辅助生产过程

辅助生产过程是保证基本生产过程正常进行所必需的各种辅助性生产活动。它包括:装卸机械的维修与保养、装卸工属具的加工制造与管理、港口各项设施的维修,以及动力供应等。此外,在一条船或一列车装卸结束后所需进行的码头、库场整理工作等,这些均属辅助生产活动。

四、生产服务过程

生产服务过程是指为保证基本生产过程和辅助生产过程顺利开展所进行的各种服务性活动。为船舶服务的有技术供应,生活必需品供应,燃物料、淡水供应,船舶检验与修理,以及压舱水的处理等;为货主服务的有货物鉴定、检验、包装等。此外,还有集装箱清洗与检修、港内垃圾与污水处理等。在港口生产过程中,服务性生产活动也是港口生产活动不可缺少的组成部分。

第三节　港口调度作业分流程

一、综合计划员业务流程

综合计划员是调度主任、计划主任做出决策的重要参谋人员,工作的目的在于明确生产形势和生产进度。其工作岗位的具体流程如下。

(一)信息采集

① 通过船舶航讯网和港口集团业务主管部门等途径,收集各种船舶到港情况信息。诸如,船舶航行途中情况、锚地船舶情况、准备移泊情况、货物动态(货物通关与否、货量、货物到否等)情况、现在港船舶进度情况等信息。总之,要收集船舶和货运的尽可能多的细节信息。

② 货主、货代、船公司、船代及码头公司市场部获得的各种信息。

③ 以交接班会为渠道,听取作业情况汇报和计划执行情况及存在问题的汇报获得的信息。

(二)核实情况

① 掌握码头公司船、车、货、人、机、场实际情况和码头实际靠泊能力,确认船舶抵口时间、货类及船舶规范、船图、预确报等情况。

② 掌握码头公司作业条件、作业能力、船舶动态及速遣情况。

③ 了解码头船舶结载信息,为制订综合作业计划掌握准确的第一手资料。

(三)计划编制

在信息收集、核实的基础上,编制会议记录。若出口外贸货物,应制定 5 日滚动计划转市场部,并据此发货,实现船货衔接。

在此基础上,根据码头公司生产领导指示、生产任务、生产会议要求、分船预报、实际装卸能力等,编制昼夜作业计划。

二、调度计划主任业务流程

调度计划主任对综合计划员通过信息采集、情况核实、编制的综合计划,进行审核,并向调度室主任汇报情况。如果计划不符合生产实际或与现场作业或港口集团总体情况发生冲突,就会要求重新编制。

调度计划主任工作岗位的具体流程是:审批计划→上报计划→下转计划。

三、单船计划员业务流程

单船计划员与综合计划员一样,也是调度主任、计划主任做出决策的重要参谋人员。其工作岗位的流程如下。

① 船舶到、离港时,上船了解车、船、场、人、机、货的实际情况,制定船舶编号,填写单船卡片。

② 每日班后会,听取上一工班单船业务员的工班情况汇报及工班量的完成情况、完成进度后,到码头现场巡看船舶装卸情况,沿船舷观察舱内装或卸的作业情况、门机使用、人员配置、机车使用等情况;船下观察船舶吃水情况、场地使用情况等。然后,以这些信息为依据,随时编制下一工班的日夜轮班计划表。

③ 作业中,根据现场船舶作业情况对原制订的昼夜装卸计划表进行调整,并填写日夜轮班计划表。本工班结束前一个小时为下一工班制订日夜轮班计划表转下一工三班。

单船计划员业务具体流程:了解情况填写单船卡片→了解上一工班情况后,现场核实→依作业进度修改计划→收班前为下一工班编制日夜轮班计划表。

四、航运值班调度员业务流程

航运值班调度员在值班调度主任的领导下,负责对现场陆运调度、单船业务员的工作进行领导、主控、指挥和协调。其具体工作流程大致有以下几个环节。

(一)接受任务

调度室值班主任根据单船计划员从现场提供的各种信息,尤其是日夜轮班计划表的信息,向航运值班调度员明确工作。

航运值班调度员在接受任务的同时,要掌握如下信息:船舶昼夜计划的落实情况,船舶及各舱口的作业情况,有关船舶作业的各种资料、船舶动态等信息。

(二)核实情况

根据所接受的任务内容和掌握的各种信息,主要核实班次交接的内容;各种记录资料;船舶及重点船、舱、货的情况。要求交清接明,核实准确无误。

(三)指挥生产

航运值班调度员是通过单船业务员对现场进行生产指挥的,总体要求是指挥得力、组织得当、利于生产效率的提高。具体业务主要如下。

① 根据船舶动态综合平衡、统筹安排生产,主要是泊位、场地、人、机、货、船的综合平衡和统筹安排。

② 对港口码头公司各级领导的指示精神要认真领会,切实、准确地完成,对上一工班遗留的问题结合领导的指示圆满完成。

③ 调整重点船、舱、货的作业进度,解决作业过程中出现的问题,及时向值班主任汇报

工作。

④ 执行文明生产规定,落实安全质量措施。

⑤ 加强内外工作联系。

(四)编制班作业计划

① 根据昼夜计划安排方案、现场实际情况,编制作业计划配工表和船舶作业卡片,调配车、船、人、机、场、货。

② 为下一工班制作作业计划配工表,安排下一工班的作业线;截止上班完成数制作船舶作业卡片。

③ 落实具体安全措施、工艺要求,对重点船、货类有具体安全质量措施。协助值班主任召开配工会议,传达布置班作业计划。配工要科学、合理,安全质量标准要落实到位。

(五)监控

① 可以通过视频和对讲机掌握船舶动态,监控船舶的靠离。

② 对现场作业计划的兑现情况进行监控。

③ 严格落实领导指示,加强现场文明生产、安全、质量、工艺要求的监督。

(六)通讯汇报

向值班主任或集团公司调度汇报如下情况。

① 航运作业情况、船舶靠离时间、现场发生的重大问题。

② 人机使用情况。

③ 逐船汇报开舱口数、装卸货类、安全质量措施。

④ 汇报装卸特殊货类的特殊作业措施。

⑤ 单船停头时间及情况、加头时间及情况。

⑥ 全船完工后,汇报手续时间和实际吨数。

(七)记录

主要记录或填写的内容有:各种有关生产的原始资料;现场作业发生的问题及解决的措施记录;船方、货主提出的合理要求及解决的措施记录。

五、单船业务员业务流程

(一)单船业务员总体工作业务流程

1. 接受任务

单船业务员接受任务主要是通过参加班前会和港口码头公司各级领导、航运值班调度员的指示三条途径来实现的。班前会和航运值班调度员两条途径主要是获得当班任务信息;港口码头公司各级领导这条途径主要是获得生产整体运作的任务信息。其任务信息主要有以下几个。

① 掌握公司生产形势、整体生产目标,了解港口生产整体作业情况,包括航道、船舶在港和离港、天气变化等信息。获悉本班作业、公司作业在集团整体作业中的大致比重、货类差别以及对待船方、货方的要求和标准。

② 掌握单船昼夜计划的落实情况,明细甩货的种类、数量,船舶吃水变化以及船舶装卸完工的期限等事宜。

③ 掌握船舶及各舱口作业情况,熟知机械、人力、场库、气象、货物的情况。

④ 掌握并使用各种有关的船舶作业资料,与现场作业实际相吻合。

⑤ 随时接受公司领导及调度室主任的工作指令,把握工作重点,并根据指令和工作重点协调现场作业按部就班地进行。

2. 现场交接

当班业务员的现场交接是与上一班次的业务员的交接,主要涉及以下几方面的交接内容。

① 船舶作业的进度、重点作业情况交接,主要是交班方上一工班情况、交班方完成情况、重点作业完成情况、采取的措施及其效果。

② 对交接的事项进行核对,主要是货物、机械等事项的实物与单据的交接。

③ 落实领导指示及遗留问题,以及完成的时间、问题处理的实效等事项。

3. 组织生产

① 根据生产任务综合平衡、确保重点、统筹安排、合理调配。

② 实行人、机现场报道制度,便于现场的生产指挥。

③ 掌握重点船、舱、货的作业进度,发现问题及时解决、汇报、请示并请求值班调度协作解决。

④ 严格执行工艺标准、安全质量要求、文明生产管理规定,与现场工艺员和安全员积极配合,实施质量验收。

⑤ 落实通信汇报制度,保障工作顺畅。

4. 现场配工

上一班的业务员在每日下班两小时前,向航运值班调度员为下一班提出配工方案,作为航运值班调度员制订作业计划配工表的主要依据之一。

下一班的业务员根据值班调度员提出的方案(以单船昼夜计划安排、现场实际情况,平衡、调配人机而制定的方案),实施配工计划,并及时将作业进度汇报给航运值班调度员,以便随时调整配工计划。

5. 现场监控

6. 记录

为保证生产的顺利进行,在作业中或作业完毕,还要认真做好各项记录工作,主要有以下记录必须认真、准确地完成。

① 记录各种有关生产的原始资料,主要有船舶初始停靠时的吃水位记录、靠离船的船图记录、舱内已有货物吨位的记录等。

② 做好杂项作业的签证、记录工作,主要有当班装卸吨位记录和甩货吨位记录、装卸吨

位的签字、特殊货物装舱的船方签字记录等。

③ 记录现场作业发生的问题及解决的措施。对于现场车、船、人、机、货出现的紧急梗塞,要尽快解决,并将解决的过程及采取的措施和结果如实进行记录,并向有关领导进行及时汇报。对于散货需要打水尺的要做好原始记录的交接。

(二)单船业务员现场工作业务流程

1. 靠泊前业务要点

① 确定靠泊船的船名、船舶长度、泊位、靠泊要求(是左船舷靠还是右船舷靠)等信息。

② 提前做好泊位预留和门机、岸机的避让(泊位预留长度为船舶长度的120%;门机、岸机避让船头,条件允许全船长度的1/3或跑出船头)。与带缆人员一起提前到达靠泊位置,摆好灯(夜班)、旗(白班),确认靠泊水域有无其他船舶或影响船的物品,以满足靠泊的需要。

2. 开工前业务要点

① 与航运值班调度员核实以下信息:开几条作业线;机械、人员配置情况。

② 掌握船舶的长、宽、载重吨、货类、单件重量、仓别、前后吃水、船机负荷等信息。

③ 掌握船图配载及货物明细情况。

④ 外贸船待联检完毕后方可登船。

⑤ 内贸出口船图变动大,要及时与船长核实;外贸出口要和船长核实船图;进口按船图核实各舱货物情况是否正确。

3. 开工后业务要点

① 随时掌握各作业线进度,保证车、船、货、机作业顺畅,出现问题及时解决,如出现作业梗塞要到现场及时处理。

② 及时与船长、大副或外理核实船图,需要调配要及时调货。

③ 根据船舶载量情况,即吃水情况权衡船舶的稳定性,防止前挺后拖。原则上船前和船后倾斜不超过1米;船左船右的歪摆度不超过3度。

④ 严禁甩重点舱,及时增减作业线,并及时向航运值班调度员汇报。

⑤ 根据货类情况,及时调整人力、机械。

⑥ 严格落实各项制度,不违章指挥,指挥工人作业不违章操作。

⑦ 制定杂项作业收费时,要注意以下情况。

1)待时。注明待时原因,出现在几舱至几舱,是垫料待舱还是待开关舱、是船机故障待舱还是船方或货方原因待舱。要分清是生产性待时还是非生产性待时。

2)倒舱。要标明是从舱至舱还是舱至场再至舱。还要标明倒舱的货类、件数或重量。

3)要标明铺垫、拆卸、拆包、隔票、加固情况。

4)对于特殊困难作业要按标准要求进行。例如,对于冷冻舱作业、拆成组作业要按照船方提出的要求进行。

⑧ 出现工伤、质量、货损等事故,要保留现场,并及时汇报当班主任或航运值班调度员,再由值班调度及时向主管部门请示,待主管部门同意后恢复作业。

⑨ 给本工班装卸、机械作业人员签署作业票。

⑩ 每天下班前 2 小时为下一工班配工。例如,机械配量、开几条作业线及全船用货和甩货情况。

4. 完工后(完船后)业务要点

① 及时通知船方(船长)几点开船,并通过值班调度员提前通知船代、货代开船时间。

② 在作业中,提前通知有关方核实货物(外贸通知外轮理货员,内贸通知码头库场理货员)告之是否错状、漏装。

③ 码头库场理货员、外轮理货员签字确认(内贸船由码头库场理货员和船方签字确认)。

④ 核实船方是否具备开船条件(船员是否齐全,船方设备是否安全适航)。

⑤ 提前通知值班调度员安排带缆人员到指定地点解缆。

⑥ 门机、岸机避让到位。

⑦ 通知装卸值班队长将机械、工属具全部从船上吊下,并由其核实人员是否下船(外贸船时,边防上船进行检查)。

⑧ 找船方签装、卸船质量合格单。

⑨ 待船舶离岸时,目送船到港池后正常驶去方可离开码头。

⑩ 检查验收完工后的各种工属具(抓斗、漏斗、拖板)是否还到位,码头龙口是否清洁。

(三) 单船业务员的其他工作要求

1. 单船业务员岗位职责

① 负责按计划组织、指挥单船装卸生产,完成生产任务。

② 负责掌握单船作业进度,及时解决突发问题,组织好船货衔接,提高效率。

③ 掌握单船开头量、平衡进度,防止人为重点舱出现,保持船体平衡。

④ 负责了解单船作业情况,检查落实安全质量制度,不违章指挥,防止违章操作。

⑤ 具体掌握单船装卸货物隔票出舱、铺垫要求,做好物料准备。

⑥ 掌握全船作业人员与设备变动情况。

⑦ 确保临时增加的作业线的生产进度。

⑧ 负责与船方协调卸货顺序和船图变更。

⑨ 按规程要求,搞好通信汇报工作。

2. 船舶必须具备哪些条件才能安排作业

进口:包括船图、舱单及卸货有关资料必须齐备;具有港口主管部门批准的危险货物作业通知书;货物流向及接卸方案已做出详细安排;超高、超宽、重大件设备具体资料预先摸清,特种车做好具体安排。

出口:包括信用证、商品检验;海关手续办理完毕,备齐货物,做出配载图及货物积载图;能连续作业。

3. 单船业务员如何组织一条船作业

① 及时掌握装卸进度及作业情况,有预见地解决问题,组织好船货衔接,提高作业效率。

② 及时掌握开头量,平衡各舱进度,保证重点舱作业,防止船舶倾斜,防止次重点舱变

为重点舱。

③ 严格按计划组织装卸生产，如有变化，必要时做出调整，并及时通知值班调度员。

④ 随时了解作业情况，检查落实规章制度，制止违章作业，防止超负荷，确保安全生产。

⑤ 具体掌握货物装舱、出舱、垫舱、隔舱、平舱要求，督促工组提前做好物料准备，防止工作脱节，造成停工、待时的后果。

⑥ 具体掌握全船各舱人、机配备及变动情况，根据装卸要求，对机种变更、数量增减、调换舱口及时联系解决，多余机械及时通知回库。

⑦ 临时增加开工作业线，要提前通知值班调度员。对于完工舱口人、机去向应提前联系。

⑧ 接到停船、做车通知，应立即告知工组。接到增加作业线的通知，应及时联系外轮理货员，通知码头库场理货员，做好开工准备。

⑨ 根据作业实际需要，联系船方变更船图，调整货载等装卸事宜。

⑩ 做好定时联系。工班开始，各舱作业就绪后，汇报作业是否正常，估计可能出现的问题。班中工人吃饭前1小时联系确定换舱吃饭舱口。工班结束后，系统汇报各舱完成情况，并分析原因。

⑪ 核实船舶动态，检查船具损坏及修复情况，复查对外杂项作业是否全部办理签证，码头库场理货、外轮理货手续是否办妥。

⑫ 发生重大工伤、货损、机损、船具损坏事故，及时查清舱别、队组、出事者姓名、时间、地点及简要经过，并注意保护现场，及时通知值班调度员。

⑬ 坚持班前签到制度，坚持原则，保证各项规章制度的落实。

4. 船舶作业完工后单船业务员应做的工作

① 督促工人做好收尾工作，完工一舱清一舱，查找工具并组织送回，防止丢失，做到船离码头清。

② 及时汇报实际完工时间。

③ 及时了解和掌握外理办手续情况及问题。

④ 不能按计划开船时应查明原因，立即报告。

⑤ 按有关规定做好门桥吊的避让。

第八章

港口调度业务管理

第一节　港口调度业务管理概述

港口调度业务管理是码头公司调度业务部门岗位群人员对港口生产相关的人、机、船、车、场、货的合理配置、有效运行、安全监督、统一指导的过程。该管理对提高港口生产效率和服务质量起着关键作用。

一、管理原则

在港口调度业务生产管理过程中,码头公司调度业务部门岗位群人员严格执行国家运输政策,贯彻国家、行业的安全质量第一的方针、规范,加强计划管理,组织均衡生产,正点运行,按照确保重点、兼顾一般的原则。

二、基本职责

码头公司调度岗位群人员要担负好以下职责。

① 要担当好港口生产中的调度计划制订、调度运行、调度统计、船舶速遣等工作。

② 要负责编制码头公司的日、旬、月生产计划,并对日计划组织实施监督检查,最大程度地发挥公司码头、库场、人力、机械等生产能力,随时掌握生产进度,提高船舶作业效率,努力压缩船车在港停时。

③ 要认真贯彻执行安全质量措施,积极推广先进装卸工艺。负责码头公司生产的快速统计、分析和通信汇报工作。

④ 合理安排泊位,按工艺规程、安全质量措施和定额组织船车作业,要优先保证班轮和速遣船舶的作业。

三、装卸生产的组织

① 装卸生产的组织工作要以船舶装卸生产为中心,以货场装车疏运为重点,集中力量突击重点,安全优质注重经济效益,合理安排泊位、库场、人力、机械能力,坚持按工艺规程和装卸定额合理配工,认真贯彻执行安全质量措施和要求。

② 搞好船、车、货的衔接,努力扩大船车直取比重。

③ 对装卸生产中的人、机、场、船、车、货实行统一指挥,现场作业要以调度为中心。单船指挥是一个独立环境的封闭、完整的系统管理。

④ 开好班前会,实行现场交接班,实行现场报到、待时签证等管理办法,认真填写作业票,努力压缩非生产时间,提高工时使用率和作业效率。

四、调度文件的管理

调度文件是完成码头公司生产调度任务的重要手段,调度业务管理必须重视建立健全调度文件的一切事务性工作,要制定出相应的文件使用、保管、存档、收缴等制度。

调度文件主要有:调度日志;调度命令、通报;港区水深、潮汐、气象等资料;有关生产的规章制度、会议纪要、通知报告等;港口装卸设备、设施及装卸工艺、定员、定额等资料;统计报表、文字分析材料、数字统计资料;单船卡片、昼夜计划表、昼夜火车装卸表;单船计划任务书;年、月生产计划;旬、日生产计划表。

第二节 港口调度业务具体管理

一、作业工艺的管理

(一)装卸工艺的管理

① 调度室作业计划员要按照装卸工艺技术标准或特殊货类工艺方案编制日作业计划。

② 值班主调按日作业计划编制班作业计划,下达到装卸作业人员、机械队及有关部室、单位,并注明装卸工艺要求和注意事项。

③ 单船业务员要协同工艺部管理员一起监督各装卸作业人员、机械队是否按作业计划配工,同时向其重申装卸工艺要求和注意事项。在检查中发现违反工艺标准的行为,立即制止并及时反馈给安全监察部处理。

④ 所有现场调度人员在组织生产过程中,按照工艺标准组织作业,并按工艺标准对作业过程进行巡查,保证作业符合标准舱、标准车的要求。

⑤ 所有现场调度人员在组织生产的过程中,对门吊道以里或车周围 1.5 米以内的文明生产情况进行检查,确保生产过程中的舱底清、甲板清和龙口清。

⑥ 陆运调度要监督、指挥机械司机、装卸工、理货员的安全操作过程,对运输沿途掉包掉件必须坚持原车拾起或通知作业工人拾起。监督机械司机的机械作业符合港口生产标准要求,并做到道路清、机具清。

（二）货运质量的管理

1. 卸船出舱作业

① 监督按票出舱，不混卸，一票一清，分清工原残，残损货物要集中出舱，一班一清。

② 监督按班计划确定的货种次序卸货，不甩零头、不甩高、不挖井。

③ 监督卸船作业按标准码勾要求进行作业，要求必须坚持"定勾、定量、定型"，数字要准确，要系牢小绳，勾内不夹带破包，勾型要整齐。

④ 监督卸船作业（袋装货）严禁使用手勾，必须坚持"六不"，不拖勾、不挖井、不打墙、不抖勾、不落海、不塌垛。

⑤ 在大宗包、件杂货混装情况下，要监督按装卸工艺操作。例如，钢材杂货混装时，腰窝货物必须先卸吨袋包装货、件杂货后，再卸钢材；当舱货物，可先把钢材四周半米内吨袋包装货、件杂货清除后，再卸钢材，然后再卸其他杂货，卸完一层舱再卸一层舱。

⑥ 卸船出舱作业，要监督好"三清"：舱内请、甲板清、码头清。

舱内清：零散货物要清，杂物、残损货物要清。在卸船作业中，隔票加固垫舱木板、木格等杂物要在卸货的同时拾整理干净，要一班一清。交班前必须清除，如遇雨雪天气或特殊情况可交下一班，由接班队清理。

甲板清：大梁、舱盖要码好摆放整齐，甲板不存货，甲板撒漏货物要及时清扫。揭舱时，舱盖要码放整齐低于舱口，苫布要叠好，铁舱盖要放平稳，二三层柜的木舱盖要放在舱口一米以外码好堆放整齐，大梁要按层次堆码，公母梁分开。

码头清：龙口不甩货，撒漏货物要及时扫清，集中堆放，包装杂物、割口麻袋一班一清，零星工具集中堆放。例如，卸粮食、散糖作业时，要把安全网挂好搭好茬，粮食门吊作业要挂好裙子，对好坏粮要分卸，分卸好坏粮要听从货主人员的指挥和要求，好粮不混坏粮；散糖作业铺上苫布、安全网、漏斗布，要随潮水涨落随时松紧；撒漏在龙口的货物要一班一清，做到车顶、车帮等处不带粮、不带糖、不带硫磺，不溢不漏，硫磺要钉好席子，铺垫好，确保地上及路轨两侧无撒漏。

⑦ 卸散货作业时，要监督作业是否按线堆码，防止混质，做到货走地净。

⑧ 要监督装卸班组、机械司机，在舱内作业造成工残时，询问外轮理货员是否及时填报工残记录单，要取得责任者签认后，方能继续操作。舱内作业的工残记录如无责任者签认也无调度员裁决和批注的，此残视为原残。

⑨ 作业中遇雨、雪天，调度员及时通知船方封舱。如不是自动舱盖的舱口，装卸作业班组将舱口带好防雨帽，并扫净橇面上的散货（件杂货应立即归垛或运到库内），防止水湿货物。雨雪后清扫码头积水积雪，经检验合格后方可开工。

⑩ 监督装卸班组在卸货前是否认真查看包装情况，发现包装异状或残损应立即通知外轮理货员验看，在取得确认后再移动货物。

⑪ 在卸船作业中，装卸作业人员、司机对货物造成散捆、破漏，现场调度人员应及时要求装卸人员把货物整理捆好或堵上破口，防止扩大损失。

⑫ 出舱库场作业完毕后，要监督库场"三清"：机具清、道路清、垛底清。

机具清：机具不甩勾，无零散货件，无撒漏货，无杂物，机具设备使用完存放整齐。卸船出舱（袋装货）作业时，舱内、龙口、垛上三个环节的人员，必须配备弯针、铁锨、扫把，及时清扫地脚。机械司机必须将机具上的地脚和杂物清扫在垛边上,做到一车一清。保持作业现场清洁,作业完毕后将地脚和杂物堆放到指定地点。

道路清:作业线路无掉包掉件,无撒漏货。卸袋装货或其他杂货等,作业线沿途掉包掉件当勾拣起,放在原来的勾内归垛。机械司机在作业中要做到"四稳",即稳起、稳落、稳叉、稳驶;"二要",即雨天作业怕湿货物要上盖下垫,要密切配合装卸班组、码头库场理货员做好堆码和小票交接。

垛底清:货走楞木清,货盘按5个高码好,由码头库场理货员通知作业人员送回指定地点,零星货物集中堆码整齐,地脚货物扫净送到指定地点。

2. 装船码舱作业

① 按配载船图及船方要求进行作业,装严码靠、码平、码齐,大不压小,重不压轻,隔票清楚,一票一清。

② 按船方及外轮理货员的要求铺舱、隔舱,按船方指定的船位装货,小票要集中装舱,散破件不予装船,并予以退回更换或修理。

③ 在每个舱口栓好安全网,需搭茬时搭茬处必须保证压茬两米,并随着涨落潮松紧安全网。

④ 装船作业要先远后近,先里后外,不打墙、不留洞、不甩坑,必须装平、装牢、装整齐。

⑤ 半截舱装货时,边上要变层压缝,码牢、码整齐,按要求垫好拉力板。

⑥ 袋装货搭台时,大袋货搭台不超过三批宽,小袋货可参照大袋货宽度搭,货装完把台撤平。

⑦ 配装钢材时,要求全舱平均装,要先四周,后当舱,要装顶拉平。半截舱装货先两栈、后当舱,要装顶拉平。半截舱装货要先两栈,后当舱,装平、装牢找齐。

⑧ 装桶装货时,装舱要桶盖向上,大桶要错缝码齐、码平,边上要垫好拉力板。

⑨ 大个货装舱要装严码靠,不留窝、不留缝,半截舱装货的要倒面平装、装牢。

⑩ 盘圆装舱时,要码鱼鳞式,要装平找齐。

⑪ 设备大件装舱时,要装平装顶,要大不压小,重不压轻。

⑫ 玻璃装舱时,要垫好垫料,直立装平稳,要边装边打加固,钉好拉力板。

⑬ 成组货装舱时,叉车下舱作业的要先四周一次装顶,或装够高度后再装当舱,根据情况打加固。

⑭ 散装货装舱时,要先装四周,后当舱,要尽量抖平,不留尖,给平舱打好基础,有特殊要求的,按要求打好风筒,不得混入杂物。

⑮ 袋装货拆口作业时,不混质,避洒漏,装船完毕后,要平舱。

⑯ 袋装货拆口作业时,掉包掉件要随时拣起,随破随修,随撒随扫,并将地脚货堆码指定地点。

⑰ 袋装货拆口作业时,割断的麻线防止掉入舱内,不准割破麻袋,凡发现割破麻袋(不论数量多少)或舱内掉入麻袋者,均视为货运质量事故,按有关规定处理。

⑱ 袋装货拆口作业时,每个舱口必须安排专人负责整理送回空麻袋(每十条一组,每九条为一卷捆好),班制结束后按指定地点码好归垛。

⑲ 袋装货装船码舱作业时,必须坚持"定勾、定型、定量",破包不上船,破包缝好后经货主签认方可装船。

⑳ 装船作业完毕后要做到船上"三清"：舱内清、甲板清、码头清。

舱内清：保持舱内无杂物，隔票清楚，整齐牢固。

甲板清：甲板不存货，撒漏货物及时扫净（一班一清）。

码头清：龙口不甩货，包装杂物集中堆放，零星工属具集中堆放，货盘网络、绳扣堆码整齐并及时归送。

㉑ 装船作业完毕后，要做到库场"三清"：机具清、道路清、库场清。

机具清：机具上不甩勾，无零散货件，无撒漏货物，无杂物，机具用完后摆放整齐。

道路清：作业线路无掉包掉件，无撒漏货。

库场清：货走垛底清、楞木净，库场内扫清垛底（无杂物等），楞木、代楞木所用货盘要按五个高码好，由码头库场理货员通知作业人员送回指定地点，零星货物集中堆码，地脚货扫净，送到指定地点。

㉒ 在装船作业中现场调度要督查码头库场理货员与作业班组是否认真查对货物包装情况；装卸班组在走货时，如发现垛里有夹残货物，应找仓库理货员验看，如没有让理货员验看，自行装船出现残损，由装卸班组负责。

㉓ 在装船作业时，调度人员如发现因货物包装等问题而造成货物残损时，要及时要求作业人员保留现场，如未保留由作业班组负责。

㉔ 在装船作业中时，在舱内作业造成货物残损，作业人员必须在外轮理货员填写的工残记录单上签认。如拒绝签认，外轮理货员可以找航运调度员解决。

㉕ 在装船作业中，残损货物从舱内吊回退到垛上时，现场调度员要求码头库场理货员必须见到外轮理货员出具的工残记录单并内容俱全、有责任者签认，方可收货，否则拒绝收货。对残损货物及时通知货主、货运市场部。

3. 陆地装车作业

陆地装车（火车、汽车）作业由陆运调度指挥作业。

① 指挥并监督装卸班组按"一标"的标准与要求进行作业。"一标"是指标准车，装车前要扫清车底与污秽物，经货主与铁路验收后方可装车。

② 合理使用机械、工属具，不超负荷。

③ 装车作业（袋装货）不抖勾，不变相抖勾，不准用手勾。

④ 装车作业（袋装货）要码平，小袋货类码三横一竖（横靠车帮，竖夹中间），大袋货类也可按照此规格而定。堆码成批拉平延伸，超出车帮要按规定起脊，车装完后，敞篷车要苫盖严密，必须留出从车厢两头起三至五个高。

⑤ 装车作业（袋装货）起脊要平稳，整齐打好两头，按三、二、一起脊，包口朝里，前后高度不超一个高。作业完毕后，棚车要关好车门、车窗，插好销子，货物和车门之间应留出适当距离。闸把、苫布要拉挺，按轴向压好茬，苫布四角挽好，系好小绳，剩余绳头不超过一尺。

⑥ 装车散糖、散粮、硫磺、矿粉等作业时，要铺垫良好，经货主检验合格后方能作业，做到不超载、不亏吨、不集重、不偏重。

⑦ 装车作业大型设备、钢管、大件、铁皮、金属锭时，须经铁路主管部室验收合格后方可打好加固放行。

⑧ 装桶装货时，要桶盖向上，防止溢漏，如有破损及时修补，经货主验后方可装车。

⑨ 装易破损、工艺品、玻璃制品等，要轻拿轻放，箭头向上，堆码整齐，残货不上车，木箱

不压纸箱。

⑩ 装设备、钢管、铁皮、金属锭等五金类要做到不超载,不亏吨,不偏重,打好加固。

4. 陆地卸车作业。

陆地卸车(火车、汽车)作业由陆运调度指挥作业。

① 合理使用机械、工属具,不超负荷,杜绝非正常损害机械工具。对非正常损害机械工具的按有关规定处理。

② 卸车袋装货、集装袋货作业时,要认真检查包装的质量情况,凡有严重破漏、开线、断线等问题影响货物质量和港口生产安全的,不予收货。

③ 卸车割口袋装货作业时,一律要成组堆码,包口向外,卸车前发现破漏严重的不准卸车,严禁使用手勾。

④ 卸货车时,轨道1.5米以外杂物、撒漏要清,零星工具、成组工具要集中堆放在距轨道1.5米以外。

⑤ 卸车时,车内外及车四周的撒漏货物及包装物要清,夹带散货要扫干净。

⑥ 卸车作业时,卸易破损货物(仪器、工艺品、玻璃制品等),要监督装卸人员轻拿轻放,木箱不压纸箱,易碎、液体货物一律箭头向上,码放在指定地点,并严加保管。

⑦ 卸车杂货作业时,要监督作业班组、机械司机在接卸前或在卸货过程中,如发现货物包装不符合质量标准的(有异状或残损),应立即通知仓库理货员、货主验看并甩出垛外,不准夹残码在垛里,违者由卸货班组负责。

⑧ 卸车作业完毕后要监督"三清":车内清、道路清、垛底清。

车内清:边卸车边归垛,卸车后车内撒漏货物由货主负责清扫干净。破包由货主负责及时缝好。

道路清:每条作业线,必须备有铁锹、扫把、麻袋并设专人清扫沿途和车四周的撒漏货物,随扫随装袋,并送到指定地点。

垛底清:货物归垛后,防止落楞,垛四周撒漏货物要及时扫净。

5. 对机械司机工作的监督管理

① 监督在作业中是否做到"六不":不抖勾,不超负荷,不掉海,运行中不掉包掉件(发生掉包掉件应当立即拾起归原勾内),码勾不牢不起吊,颠勾不牢不开车。

② 监督在作业过程中是否做到"二要":作业完毕后,要清扫机具上撒漏的货物;雨雪天作业怕湿货物要上盖下垫。

6. 对苫垛工、带缆工工作的监督管理

① 监督苫垛工是否随时掌握车辆发货动态,按时听取天气预报,及时掌握并准确判断天气变化情况,随时进行观察,如遇场内待苫货物较多,是否现场实际准备好苫布。

② 卸船、车时,监督落入场地的货物是否齐一垛苫一垛,是否苫严系牢、搭茬合理,确保质量;天气不好时,是否按场、段、垛位及时备好苫布,做好预防工作。

③ 场、段货物,在装船、车时,遇天气不好,监督装卸班组干一垛苫垛工是否揭一垛,是否做到随揭随干、随走随清,将苫布叠放整齐归垛。

④ 苫垛前监督苫垛工是否检查苫布有无破漏处,如发现破漏是否及时甩出待修。

⑤ 苫垛时,监督苫布瓦式是否压茬,对搭苫布是否超垛肩,苫布是否不拖地、不露货,使

用席子和布裙是否挂牢。

⑥ 天气不好时,监督苫缆值班人员是否提前做好防雨准备,备好苫布。

⑦ 监督、指导带缆工做好船舶靠离港的系、解缆工作;监督、指导做好码头设施设备的检查维护工作。

(三) 关于船舶靠离码头的管理

① 对总长不足 140 米的船舶,配备码头带缆作业人员不少于 4 名。

② 对总长 40 米及其以上的船舶,配备码头带缆作业人员不少于 6 名。

③ 不得委派未经带缆作业培训的人员临时充任带缆工,以确保作业及人身安全。

④ 现场作业的带缆人员必须明确一人带领其他人员工作,并听从现场码头管理员的指挥。

(四) 对直接换装、间接换装、成组运输的管理

1. 直接换装

直接换装又称车船直取,是指由一个操作过程完成的换装。在这一换装过程中,货物不经过仓库或堆场存放,由港口装卸机械或船舶起重设备将货物从一种运输工具装卸到另一种运输工具上。

2. 间接换装

凡是经由两个或两个以上操作过程完成的货物换装称为间接换装。在这种换装过程中,货物必须经过仓库或堆场存放、保管,从场地装到一种运输工具上。

港口进出口货物除冷藏货、重大件、超长件、散装液体化工危险货物及部分出口危险货物采用直接换装外,绝大部分采用间接换装。

3. 成组运输

用网络、货板、绳扣等工具,将零星分散的件杂货和散货集零成组进行的货物堆垛、装卸、运输的运输方式称为成组运输。

货物成组运输有利于机械操作,减少单件搬运、做关和拆关的次数。它可使装卸工序合理,减少重复操作,减轻劳动强度,节省劳动力,从而达到缩短车、船在港作业时间,加速车船周转,保证运输质量,提高劳动生产率的目的。

二、港口货物的管理

港口调度人员要监督、指导以下货物管理。

(一) 货物湿损的防止管理

每年 4 月 15 日至 9 月 15 日为雨季作业时间,此期间装卸生产和货物保管工作均按雨季作业标准执行。

雨季作业开始前,苫缆队应对苫布检查维修,需做防水处理的要及时缝补、喷洒防水剂。

1. 货物堆存、保管

① 雨季作业中,怕湿怕潮货物在场院中堆存,货垛必须起脊(确系不能起脊的货垛必须采取必要的措施),苫严苫布,系牢小绳,确保货物安全。

② 严格货垛标准,装卸作业人员必须按仓库理货员要求铺垫楞木和堆码货物,确保货物不落楞、不夹残,撒漏货物不准扫入货垛底下。

③ 怕潮怕湿货物原则不存放在地势低洼、排水不畅、易存水的场地和库内漏雨的地段,如确需在低洼处卸货,严格执行每年制定的雨季作业措施。

2. 苫、揭垛工作程序

① 卸货遇需苫盖货物,仓库理货员通知苫缆人员,由苫缆人员提前备好苫布备苫。雨季作业期间,尤其遇天气不好,仓库理货员应督促装卸作业人员归垛时少开头,及时归垛,齐垛后立即收数,并通知苫缆人员苫垛。工人不听指挥,归垛开头过多或归垛不及时造成湿货,由装卸作业人员或机械队负责。

② 遇需揭垛时,仓库理货员立即通知苫缆人员揭垛,在作业人员自行揭垛时,仓库理货员立即通知苫缆人员叠布并把苫布送回苫布存放地点。

③ 装卸班组配合苫垛人员揭垛时,首先应通知仓库理货员认真核实货垛后,再揭垛,防止错揭,确系工人责任错揭的,装卸作业人员在苫缆人员指导下重新苫好货垛。

④ 苫缆人员将苫、揭剩余的苫布和存布货盘及时归送苫布和货盘存放区,堆码整齐,苫布、货盘存放高度一致,现场不准存有零散苫布和货盘,做到一班一清。

⑤ 仓库理货员(库场员)需配合苫垛人员工作,加强协作,做到不甩或尽量少甩破头垛,每个舱口同票货、破头垛只能甩一个。仓库理货员之间交接要重破头后再重新安排场地。

3. 雨天苫垛及雨天后复工

① 天气不好时,苫缆队队长要组织或调整苫垛人员,提前做好防雨准备,在作业垛前备好苫布,齐一垛,苫一垛。

② 苫缆人员要认真检查货垛苫盖情况,对尚未苫盖或苫盖不严的要及时修整苫盖。

③ 作业班组作业中橄面不准存货,龙口存货不准超过四盘。

④ 遇雨时,仓库与装卸作业人员要将作业中的破头垛立即苫盖。叉车和拖头司机应将拖板或货盘上的货物入库或苫盖,并通知本舱口仓库理货员。

⑤ 陆地作业,装卸人员应装完一车就立即苫盖车,遇雨时要立即苫好破头垛。

⑥ 散粮、散糖、散肥作业,雨前停工立即清理橄面、龙口,装火车要关好车门窗。

⑦ 仓库库场员在风、雨、雪天要加强对库场货垛的巡视检查,发现问题立即采取措施,并通知有关单位。

⑧ 风、雨、雪后,苫缆队队长应立即组织人员,修整货垛的苫布并抖水、扫雪,防止浸透苫布,湿损货物。

⑨ 雨后复工,装卸班组必须清扫净货垛周围和码头上的积水后方可作业。机械司机应清扫净属具上的积水后方可作业。

4. 防雨湿损责任划分

① 作业中遇雨,调度室没立即下令停工造成雨湿损的,由调度室承担责任。

② 作业中遇雨,装卸作业人员没按调度命令停工并采取措施的,造成货物湿损,由装卸

人员承担责任。

③ 装卸作业人员接调度命令后应立即将破头垛苫好。因苫缆人员未提前备布造成货物湿损的由苫缆队承担责任;由于装卸作业人员苫垛不及时,造成货物湿损的由装卸人员承担责任。

④ 拖板、货盘上货物甩在途中造成货物湿损的由机械司机承担责任。司机搬不动致使途中掉件造成湿损的,由司机和装卸人员共同承担责任。

⑤ 苫盖的货物因破布上垛,或苫盖不严,或未及时处理积水、积雪造成湿损的由苫缆队承担责任。

⑥ 装卸火车由于没及时苫盖或苫盖不严造成货物湿损的由作业人员承担责任。

⑦ 因仓库理货员没通知苫缆人员提前备布造成货物湿损的由仓库理货员承担责任。

⑧ 因装卸作业人员未找仓库理货员而错揭垛造成的货物湿损由装卸人员承担责任;因仓库理货员未认真核对而错揭垛造成的货物湿损由仓库理货员承担责任。

事故处理:凡因未尽职尽责造成的货物湿损一律按货损事故统计和处理,发生雨湿货损事故后,货运市场部质量主管人员要及时进行调查核实,按有关规定处理,由责任者、责任班组承担经济损失,对情节严重者除追究经济责任外,根据情节由公司决定给予纪律处分。

(二) 进口散装果蔬作业的管理

1. 果蔬专用工作服的管理

① 装卸工人按要求穿戴劳动保护用品从事散装果蔬或卸船作业。

② 准备足够的印有果蔬专用字样的工作服,交工具收发站保管。工人从事进出口果蔬装卸船、车时,到工具收发站领用果蔬专用工作服。

③ 果蔬专用工作服只供进出口果蔬装卸船、车时专用,严禁它用。各级检查人员发现工人违规使用专用工作服的,按照严重违规对违章人员进行处罚。

④ 工人使用专用工作服必须保持工作服的整洁,检查中发现发生作业范围以外的工作服非正常污染,扣除责任者工作服洗涤费用。

⑤ 工具收发站在发放、回收专用工作服时要加强检查,确保专用工作服的数量、质量,发生损坏,由责任者照价赔偿;发生丢失,责任单位加倍赔偿。

⑥ 对发生的专用工作服非正常污染、损坏或丢失,由工具收发站报工艺部,由工艺部实施处罚。

⑦ 工具收发站收回专用工作服后,对污染的工作服送生活服务公司进行洗涤。

2. 卸船作业

① 组织进口果蔬装卸作业,调度室根据气象、气温,参照货物入冷藏库的能力,按照工艺配工标准安排作业线(货主另有要求的除外),原则上保证码头不存货,实现作业均衡。

② 进口作业时,原则使用果蔬专用货盘,按标准码勾,做到"定勾、定量、定型",货物码放不能多出货盘,系好小绳出舱,勾内不得夹带残损,确保数字准确,勾型整齐,货物完好。

③ 舱内残损货物集中出舱,撒漏货物要装箱集中出舱,堆码在仓库理货员指定的存放地点。

④ 作业过程中严禁拖勾。保持机械及拖运工属具清洁,无杂物。掉件要当车拾起,掉

件归当勾,数字不准的勾不能归垛。

⑤ 仓库理货员严格盯岗,确保数字准确,方可运送到冷藏库或按理货员要求归垛。货物运至冷藏库,仓库理货员与冷藏库交接数字。冷藏库理货员指导工人按规定在冷藏库内码垛。

⑥ 果蔬货物堆码必须成组,按标准勾归垛,冷藏库理货员点清数字无误方能归垛,严禁勾外箱存在,对因冷藏库原因需要撤高度的,工人按照理货员要求操作。

⑦ 对于需暂时存在冷藏库库外的果蔬货物要便于苫盖,仓库理货员指导工人按规定码垛,留好垛距。进口果蔬装卸作业必须严格执行作业标准,满足质量要求。

3. 装车作业

① 存放直接装车和存放在库场的进口果蔬,由仓库理货员、库场员负责与货主的交付;存放在冷藏库的进口果蔬,由冷藏库理货员负责与货主的交付。

② 在作业委托人提货、配车时,仓库理货员、库场员、冷藏库理货员必须请作业委托人填报装车优质服务反馈单,填写船名、提单号、件数(火车填写车号)等内容,并提交提货凭证。仓库理货员、库场员、冷藏库理货员与作业委托人共同到现场点货交接。

③ 装火车工人检查火车四周,将车底杂物扫净,堆放在车的两端或清运到垃圾站,不准扫到库场及铁路两侧。

④ 仓库理货员、库场员、冷藏库理货员指导工人按数装车,装火车时,严禁一个货垛同配两个火车或一个火车一个汽车,以保证装车的质量和数量。

⑤ 装火车时必须按果蔬货物规格装严、码齐、押平,严禁抖勾(包括搭台变相抖勾),装火车时必须从两头装车,堆码成批,装严码靠。

⑥ 装汽车时按作业委托人要求装车、装严、码齐、押平,装车作业完毕,掉件及时拾起装车,并将垛底、沿途、车四周等撒漏货物扫净。

⑦ 装车后,仓库理货员、库场员、冷藏库理货员请作业委托人在装车优质服务反馈表的"反馈货运服务质量情况"栏中签署质量评价。如作业委托人对装车质量提出意见,仓库理货员、库场员、冷藏库理货员通知装车人员及时整改,并通知货运市场部。

⑧ 装车完毕后,仓库理货员、库场员、冷藏库理货员按照理货程序销图、销账、销卡,办理理货手续。

⑨ 装火车作业必须满足装四卸三的要求;装汽车作业必须保证每车不能超过两个小时。

4. 装船作业

① 装船时要装严、码靠、不留并,先腰窝后当舱,先两栈后当舱。严禁抖勾(包括搭台变相抖勾)

② 掉件当车拾起,归入当勾,确保数字准确。

③ 作业完毕,清理垛底、沿途、龙口、甲板,地脚货送至指定地点存放。

5. 工艺标准

冷藏船装卸作业,每条作业线配工人数为16人,其中舱内作业8人,指挥2人,龙口2人,库内4人(地牛操作1人)。

冷藏船装卸作业,每条作业线配备铲车(以林德铲车为主)1~2台,冷藏库内每条作业线配电瓶铲车 1 台,地牛 1 部。

直提装车作业的,作业线的龙口、库内作业人员和本头机械进行装车作业。

(三) 散矿石、海砂的管理

① 遇有进出口散货船舶作业、装卸车、散货倒运等,调度室事先通知清扫单位负责人。

② 清扫单位负责人派出足够的清扫人员进行清扫工作。

③ 在散装货物作业的车辆行车路线上,每相隔 30 米处必须有一名清扫人员值岗清扫。

④ 清扫人员必须跟进清扫,做到"作业不停,清扫不停",确保沿途无撒漏货物。

⑤ 将清扫后的货物及时收起,作业现场或沿途不得存有小堆货物,并按照有关规定,将清扫后的货物集中堆放在指定地点。

(四) 进出口设备作业的管理

① 设备作业前,作业人员必须检查设备的起吊标记、吊点、重量,缺少标记、重量的禁止起吊,待作业委托人做出标记、重量或经工艺部制定具体的工艺方案后方可作业。

② 设备作业必须合理选配工属具,设备作业一律不准倒挂鼻(工艺部工艺方案有要求的除外)。

③ 裸装设备用扣作业时,遇硬角必须垫巴爪或胶皮,垫物的选用由工艺部决定。

④ 设备水平运输必须保持平稳,对上晃或不平稳的设备,运输前必须采取相应的加固措施或在工艺部指导下进行。

⑤ 设备起吊必须先将吊具拾挺进行试吊,经检查无误后再起吊,严禁直接起吊。

⑥ 仓库理货员要严格按照收货和交付要求对设备进行检验,必须分清工原残,办好交接和签证,加强对设备的管理,尤其是对残损货物的管理,防止扩大损失。

⑦ 设备作业或残损货物时,由调度室或货运市场部通知工艺部进行现场装卸指导,保证货物质量或防止扩大损失。

⑧ 需要苦盖的设备,必要时加角布,防止磨损苦布。机械下仓设备作业时,必须听从作业人员指挥,确保货物质量和人身安全。

⑨ 工艺部除做好必要的技术指导外,还要检查设备作业是否符合工艺要求,工属具选用是否合理,发现问题及时纠正。

⑩ 设备作业时,设备必须有标重,没有标重的不准作业,待作业委托人标重后方可作业。

(五) 袋装货物拆口作业的管理

1. 集港发货

① 码头库场理货员在集港卸货时应检查包装质量,包装破漏的应督促作业委托人缝好再卸货。未缝或破漏严重的拒绝卸货,通知作业委托人拉回更换包装或缝好后再卸货。

② 码头库场理货员归垛时,要检查包口是否朝外,没有包口朝外并系好小绳的成组货一律拒绝卸货(另有约定的除外)。

③ 装卸作业人员在卸货归垛时必须按标准勾归垛,保证数字准确。

④ 装卸作业人员在卸货归垛时必须备有铁锹、扫把、麻袋,并明确专人清扫地脚,做到

随撒随扫随串袋,送到指定的地脚存放地点存放。

⑤ 码头库场理货员要指定地脚存放地点,并督促作业委托人将车底撒落货物清扫干净。

⑥ 码头库场理货员应与作业委托人清点小票,并在小票上做好收讫标记交还作业委托人,发现货票不符,应责成作业委托人立即查清原因,货票相符后,码头库场理货员方可收货。

⑦ 装卸作业人员在归垛作业中,对无小票的车辆拒绝卸货,并且不能代替作业委托人收小票,否则按一次质量不合格给予处理。

2. 装船割口作业

① 装卸作业时,每个作业线必须栓挂两块安全网,搭茬处必须保证压茬 2 米,并随潮水涨落栓紧安全网。

② 作业前,作业人员必须将作业架上的杂物清理干净,并将作业架与舱口加固牢固,避免倾斜时滑动移位,作业架两侧腰根据作业货类合理选用并栓牢安全护仓网,严禁单独使用单个作业架作业。

③ 采用舱盖拆口作业时要保证护仓网与仓盖封闭仓口,以保证麻袋不掉入仓内。

④ 安全网、作业架、护仓网栓挂妥当并经调度室调度员和货运市场部质量检查员验收合格后,装卸作业人员方可作业。

⑤ 装船作业时,各条作业线必须备有铁锹、扫把、麻袋,并明确专人清扫道路上撒漏的地脚。

⑥ 装卸作业人员严格执行货走楞清扫净的规定,掉包掉件立即捡起,撒落的货物随撒随扫随串袋,将撒漏货物送至指定的地脚存放地点。

⑦ 车船直取作业,装卸作业人员指挥汽车靠近船边,吊双勾需汽车并排时,必须打开车帮并用支杠作业。

⑧ 割口作业中如发生重包或麻袋及杂物掉入仓内,作业人员要立即下仓将重包拆口抖净,把麻袋及杂物捡上来,检查或验收时发现仓内有重包或麻袋及杂物,按装卸作业人员一次千元质量事故处理。

⑨ 货物集港和作业过程中,苫缆队要及时苫、揭垛,用过的苫布要及时叠好回收。

⑩ 作业架使用完毕,作业人员将其清理干净,调度室调度员组织人机把作业架送回存放区,放平码齐。

⑪ 送回的作业架、护仓网,工具收发站要立即检查,发现损坏要通知工艺部组织维修,确保生产使用。

⑫ 装卸作业人员应把拆口拆下来的小绳集中存入空麻袋内,废旧刀片放入专用兜内,防止乱扔乱放,混入货物当中。作业回空的成组网络,装卸作业人员应将其码放在货盘上,码放整齐,每盘码满后,工具库应立即检修整理。

3. 回空麻袋

① 装卸作业人员在割口作业中将回空麻袋每九条串入一条内,码放在货盘上,按理货员指定的地点堆码整齐。

② 仓库理货员指挥工人按作业仓分别堆放,并号明作业班组,便于检查。

4. 检查与处理

① 调度室调度员在作业过程中应检查仓内、榄面、龙口的质量并在班制结束时进行验收。

② 码头库场理货员在作业过程中应检查道路、货场、货垛的质量并在班制结束时进行验收。

③ 调度室调度员或码头库场理货员在检查中发现质量问题应立即通知装卸作业人员整改。

（六）袋装货装卸管理

1. 卸货

① 进口袋装货卸船时要按标准码勾，做到定勾、定型、定量，系好小绳出舱，舱内不得夹带破包，确保数字准确，勾型整齐。

② 舱内破包集中出舱，撒漏货物要扫净、灌袋集中出舱，堆码在仓库理货员指定的存放地点。

③ 作业过程中严禁使用手勾，不准拖勾。

④ 保持机械及拖运工属具清洁无杂物。

⑤ 掉件要当车拾起，掉件归当勾，数字不准的勾不能归垛。

⑥ 码头库场理货员要指导工人按规定铺放楞木，严禁货物落楞，留好垛距，便于苫盖。

⑦ 成组袋装货必须按标准勾归垛，码头库场理货员点清数字无误方能归垛，严禁勾外包存在。

⑧ 码头库场理货员要严格盯岗，确保数字准确，垛型良好，未经码头库场理货员查验的勾不准归垛。未经查验的勾已经归垛的，属装卸作业人员责任的，码头库场理货员责成工人倒出查验；因码头库场理货员脱岗的，由码头库场理货员负责。

⑨ 袋装货集港，码头库场理货员要严格把关，包装货一律袋口朝里，拆口货一律袋口朝外（另有要求的除外），定勾、定量、定型。撒漏货立即清扫并送到指定地点存放。

⑩ 袋装货集港，码头库场理货员应督促货主及时将破包缝好，作业中严禁使用手勾。

2. 装货

① 在作业委托人配车时，码头库场理货员必须请货主填报装车优质服务反馈单中船名、提单号、件数、车号等内容，并与货主共同到现场点货交接。

② 码头库场理货员指导工人按数装车，严禁一个货垛同配两个火车，以保证数量和质量。

③ 装车前应将车底杂物扫净，堆放在车的两端或清运到垃圾站。

④ 装车时必须按货物规格装严、码靠、押平。

⑤ 装车时严禁使用手勾、抖勾（包括搭台变相抖勾），必须从两头装车，堆码成批，拉平延伸，超出车帮要按规定起脊，按铁路部室要求盖好苫布，系牢小绳。

⑥ 装车作业完毕，装卸人员应检查火车四周，掉件及时拾起装车，并将垛底、沿途、车四周等撒漏货物扫净，撒漏的地脚货物要按照理货员的要求送至指定地点。

⑦ 装车后，仓库理货员请作业委托人在装车优质服务反馈表的"反馈货运服务质量情

况"栏中签署质量评价。如作业委托人对装车质量提出意见,仓库理货员通知装车人员及时整改并通知货运市场部。

⑧ 装汽车时按货主要求装车、装严、码齐、押平。

⑨ 装船时要装严、码靠、不留井,先腰窝后当舱,先两栈后当舱。严禁使用手勾,严禁抖勾(包括搭台变相抖勾)。

⑩ 掉件当车拾起,确保数字准确。

⑪ 作业完毕,清扫垛底、沿途、龙口、甲板,地脚送至指定存放地点。

(七)散装货物接卸、灌包、归垛、装车管理

1. 进口散装货物卸船的要求

① 散装货物卸船时,调度室组织装卸作业人员按照工艺标准进行卸货,做到仓内清、甲板清、龙口清。

② 在货物倒运过程中要保证车质,确保不洒不漏,做好龙口至库内运输沿途的清扫工作,做到机具清、道路清。

③ 码头库场理货员监督库内卸货质量,监护仓库设施,合理使用仓库面积,确保库内的堆存高度符合堆存标准。

④ 装卸作业人员严格按作业要求卸货,分清工原残,残损或地脚货卸到理货员指定地点。

⑤ 装卸作业人员必须在库内指挥司机卸货、归垛,确保卸货质量和高度,否则码头库场理货员应及时通知调度予以解决,因此影响正常工作所产生的生产待时由责任者承担。

⑥ 装卸作业人员应听从码头库场理货员的卸货要求,残损货、地脚货未按理货员要求卸到指定地点的,码头库场理货员应对装卸作业人员签写质量不合格记录。

2. 进口散装货物灌包质量要求

① 货物灌包计量必须按照规定的标准进行,正负误差标准不得多于150克,或少于50克,确保计量准确。

② 灌包时,货物必须灌装在包装衬袋内。在确保计量准确、质量合格的情况下,按照质量要求进行缝口,确保缝严缝牢,不撒不破.

③ 缝口时,必须将灌货物的包装衬袋叠好再缝口,缝口针距不得小于8 mm,不得大于10 mm。

3. 灌包货物出库、运输、归垛的要求

① 必须保证灌包货物出库数字准确,做到"定勾、定量、定型"。不达标准勾要求的不得归垛,原车拉回整理,短数补齐。

② 必须保证运输车辆的车质,运输途中掉件必须当车拾起。

③ 归垛前码头库场理货员必须检查垛底是否符合要求:用货盘打垛底时,中间不留缝隙;用楞木打垛底时,每批13根,楞木应摆放均匀、合理、整齐,防止货物落楞。垛底不合格的,码头库场理货员应让作业人员整改后方可归垛。

④ 装卸作业人员必须按照垛型标准及码头库场理货员要求卸货归垛并系牢小绳。

⑤ 归垛过程中发现破包或数字不准,一律不准卸车归垛,由原车拉回整改,合格后方可

卸车。若作业人员不坚持原则,强行卸车,所产生的质量问题由作业方负责。

4. 袋装货物装车的要求

① 装卸作业人员装火车前,必须将火车车底杂物清理干净,堆至车的两端,凡对货物有损害的杂物,必须清出车外,及时送到垃圾点。未清车底强行装车,按装车质量不合格处理。

② 码头库场理货员必须在作业委托人配货后15分钟内将所装的货物及时配车,交清装车数字,拖延时间的,按生产责任待时处理。

③ 装卸作业人员必须在理货员配货后方可装车,不准强行揭垛装车,否则出现的一切问题均由装车人员负责,按照一般货运质量事故进行处罚。

④ 装车完毕,装车人员必须将垛底铺垫物品原地码放整齐,盘子五个一摞,楞木五个高一头齐。需清理垛底时,由码头库场理货员通知调度,调度负责派车将铺垫物送至指定地点,按规定码放整齐。

⑤ 装车后的地脚货物必须由装车人员清扫干净,送到指定的地脚区,严禁将地脚货放入车内或乱放,做到货走地脚净。

⑥ 装车过程中发现的破包,严禁装车,装车人员应就地甩下,经码头库场理货员查验后,按其要求换成好袋装车,破袋送至码头库场理货员指定地点码放好。

(八)危险货物装卸管理

1. 出口危险品装卸作业管理

① 包装检验人员接到作业委托人通知及时到现场检验危险品包装,对不符合标准及容器编号不符的货物不准放行。

② 危险品包装检验人员对危险货物检验后要出具危险货物包装现场检查记录单,如实填写并在记录本上登记。

1)检验危险货物的外包装是否完好,对破漏、异状等有外包装损伤的货物要督促作业委托人拉回。

2)检验危险货物标志是否齐全准确,是否符合《国际海运危险货物规则》的要求。

③ 仓库理货员在接卸出口危险品时,没有危险品包装检验人员出具合格的危险货物包装现场检查记录单不能卸地。

④ 仓库理货员应根据货运市场部批签的卸货物场地安排卸货库场,并指导作业队组按照危险品管理规定卸货堆码。

⑤ 卸地时,仓库理货员在现场监卸。包装不符合危险品管理要求的货物,如没有标志、唛头不符、残损等应当车拉回,不能卸地。对不能及时解决的问题,理货员应及时向领导汇报,等到解决后方能继续卸货。

⑥ 危险货物卸地时必须由理货员指定使用专用的盘子、垫木、苫布,不得随意使用普通货物的苫垫设施。

⑦ 危险货物卸地后,仓库理货员应加强巡视,发现问题及时解决。

⑧ 作业队组接卸出口危险品须经仓库理货员指定场地才能卸货,卸货时应使用专用工具,并降低25%负荷,按危险品说明书的规定操作,避免造成事故。如发现残损,理货员应要求作业委托人将货物拉回,及时出具残损记录,交货运市场部处理解决。

⑨ 作业队组在接卸出口危险品时,残损及时挑出,夹残入垛视为工残,由此造成的一切后果由该作业队组负责。

⑩ 船放出口危险品时,必须持有危险品包装检验单,由外轮理货员与作业委托人共同监装,按照危险品管理规定装船,不符合规定要求的货物拒绝装船,作业委托人应当车拉回,不能弄虚作假,避免造成事故。

2. 进口危险品装卸作业管理

① 接卸进口危险品时要让外轮理货员提前验看货物的包装、残损、标记、唛头等情况。如有问题及时找船方解决,否则不能卸货。

② 作业队组卸进口危险品时要让外轮理货员提前验看货物的包装、残损、标记、唛头等情况。如有问题及时找船方解决,否则不能卸货。

③ 卸普通货物发现有危标的货物,要立即核实清楚。

第九章

港口调度业务操作标准

第一节　岗位标准

一、调度岗位职责

（一）总体职责

调度岗位是基层码头公司生产的龙头指挥部门,是现场生产的司令部。其主要负责生产计划的综合管理和生产组织,掌握车、船、货的信息,平衡人、机、场资源,指定船舶动态,安排作业线数量,安全、优质、高效地完成公司下达的各项生产任务。在管好生产的同时,还要遵循管安全、管质量、管效率的"三管"原则。

（二）交接班制度

1. 生产调度交接班制度

① 交接调度岗位依据公司领导批示的安全质量执行情况。

② 交接船舶顺序,计划要求以及执行情况。

③ 交接各舱作业情况,出现的问题,解决的简要经过及需注意的事项。

④ 交接客户对作业货物安排、质量的要求及作业措施。

⑤ 交接各舱作业的进度,人、机、场、车、船、货情况,执行装卸舱标准情况。

⑥ 交接船舶余吨,重点舱情况(吨数、条件、效率、要求),重要物资设备、危险品等特殊货物堆放位置及具体作业方案要求。

⑦ 交接作业安全情况,进出舱是否有不安全因素及提请注意的问题。

⑧ 交接不常见特殊货物的最佳作业方案,杂项作业收费情况。

⑨ 交接内部记录本的各项重要事宜(包括船具损坏、车损、货损、机损、停工待时、好人好事、待解决事宜、替班吃饭、停头作业等),要逐项交清。

⑩ 交接各项有关船舶作业资料记录、签证、船图、设备完好及货物装卸位置,落货场地变更等重要事宜。

⑪ 交接上一工班计划执行和落实情况,需交接班执行和需调整解决的问题。

⑫ 当班调度员接班半小时后,应及时将现场情况汇报值班调度员,并检查落实情况。

2. 调度员交接班制度

① 交接班必须在船上按船图逐舱进行交接,内容包括各仓装卸吨数、余吨,货物堆码、高度、面积、铺垫、隔票要求,正在作业的货物余吨情况及人、机、场、车、船、货情况。

② 交接安全、质量、工艺工作特殊要求、计划要求及执行情况,船舶顺序情况。

③ 各舱作业的注意事项,出现的问题及简要解决的经过,船方、货方对作业的要求和安全质量的要求,采取措施的落实情况。

④ 重点交接重点舱的情况,注意事项,重要物资、设备、危险品、特资货物作业要求,及具体作业方法或船前会的要求。

⑤ 作业安全措施,杂项作业收费情况,签证是否有遗留问题,除做好单船任务书记录外,交接班要交接清楚,做到边交接边工作。

二、装卸生产组织准则

① 坚持以船舶装卸生产为中心,以货场装车疏运为重点,集中力量、突击重点,安全优质的原则。

② 合理安排泊位、库场、人力、机械能力,坚持按工艺规程和装卸定额合理配工,认真贯彻执行安全质量措施和要求。

③ 搞好船、车、货的衔接,努力扩大船车直取比重。

④ 对装卸生产中的人、机、库场和船、车、货,实行统一指挥,现场作业要以调度为中心,单船指挥一个头。

⑤ 开好班前会,实行现场交接班,实行现场报到、待时签证等管理办法,认真填写作业票,努力压缩非生产时间,提高工时使用率和作业效率。

三、记录制度

调度室建立调度日志,记录上级指示、重要决议事项、对外联系的重要内容、安全质量事故情况,填写数字资料和气象资料。建立各种调度会议记录。

第二节　生产管理准则

一、现场装卸生产的管理准则

(一)管理内容

① 基层码头公司调度室是公司装卸作业的指挥部室,码头公司各有关部室及单位在装卸作业过程中必须服从调度室的统一指挥和安排。

② 航(陆)运调度员受调度室指派,到指定的船、车落实调度命令,对现场装卸作业的有关生产单位及环节实行组织、指挥和管理。

③ 现场作业的各工种人员必须严格按照交接班时间进行现场交接,做到接得清楚,交得明白,接班下来,交班不走,保证现场作业的连续性。

④ 单船(车)装卸作业的各工种必须以作业票为派工凭证和现场报到凭证。装卸作业班组作业票(含装卸机械司机作业票)由调度室值班调度员签发。作业票签发人必须严格按作业票格式填写齐全,否则单船(车)调度员不予接受报到。由此对装卸作业造成影响的均按待时处理,待时责任者为持凭证的报到人。

⑤ 各工种作业人员接班完毕后,持作业票向单船(车)调度员报到。单船(车)调度员应按实际报到时间认真填写清楚。没有签发盖章的作业票无效,单船(车)调度员不予受理。没有单船(车)调度员盖章的作业票无效。

⑥ 现场作业各工种必须密切配合,保证生产过程的连续性。现场发生影响装卸生产的问题时,应及时向现场调度员汇报,并采取措施及时解决。

⑦ 现场作业各工种必须服从质量检查员、安全监察员、工艺检查员、理货员的管理和指导,严格按照文明生产、安全生产的有关标准进行作业。

(二)船舶装卸作业停工、复工时间的限定

① 进口作业的停工时间为卸船作业船舶至库、场(车、船)货垛最后一勾货物时间。

② 出口作业的停工时间为库、场(车、船)装船作业的船舶舱内最后一勾货物时间。

③ 进口作业的复工时间为卸船作业船舶舱内开始工作的时间。

④ 出口作业的复工时间为货垛作业开始工作的时间。

二、生产通信管理规程

调度室各类调度人员接班完毕后,核实船舶动态。未完成的船舶动态,需通知门机队、集机队值班人员,按规定将门机、岸桥避让妥当。

调度室航运调度员做好如下汇报:

① 船舶靠妥联检后一小时内汇报船名、装卸作业准备情况、货类、吨数、是否需抢水、全船起货机设备情况、各舱口长度、有无装载特殊货物的措施。

② 装卸班次开始前两个半小时,逐舱口汇报应开作业线、作业货类及应需采取的措施。

③ 装卸班次开始后半小时,汇报各作业线的人机报到和开工情况。

④ 装卸班次开始后两个小时,汇报各作业线的作业进度。

⑤ 在船舶作业线的开、停、复、完工及公安、联检、理货签证半小时内汇报船舶作业线的开、停、复、完工及公安、联检、理货签证等情况。

⑥ 陆运调度员接班完毕后半小时汇报火车预报车数、货类、到站、苫垫设备、加固材料等情况。

⑦ 火车车皮摆妥后半小时汇报摆妥车数、配货、开工情况。

⑧ 装卸班次开始前一个半小时汇报需重新组织装卸的车数、货类。

⑨ 火车装卸完工后及时汇报完工的道别、车数。

⑩ 及时汇报各作业线的人力、机械、舱口、道别的变动情况。

⑪ 立即汇报作业现场发生的各类事故。

第二节　各类计划的制作要求

一、单船作业计划的制作要求

① 船舶泊进港至离港各项生产活动的时间要准确、具体。

② 分舱分货类的装卸时间,按装卸定额计算。分舱分工班作业量要准确、具体、清楚。

③ 特殊货类装卸计划,库场安排的具体措施要清晰,各项环节连接要准确。

④ 进口货物疏运计划,出口货物集港计划,火车、驳船、汽车的直取计划以及船舶装卸条件和船方要求,都要统筹计划安排。机力、人力配备,安全质量等具体措施要具体可行。

二、工班作业计划的编制程序和内容要求

(一)工班作业计划的时间区域要求

港口生产是昼夜 24 小时不间断进行的,每昼夜又分为三个班制,调度人员按昼夜作业计划组织生产过程中,将昼夜作业计划进一步分解,编制出落实昼夜作业计划的具体方案。

(二)编制工班作业计划的程序要求

① 理解昼夜作业计划的意图,了解昼夜作业计划对在港船装卸作业的要求。

② 详细掌握单船配积载情况、货类数量、作业条件、作业进度及相关事宜和变化情况。

③ 每班制结束前二小时提出下一工班作业计划。

④ 每班制结束前一小时将临时变化情况向基层公司值班调度员汇报,以便调整计划,同时向公司值班调度员核准工班计划。

⑤ 核准后的工班作业计划,由本班调度值班主任向本班业务员或接班业务员布置执行。

(三)工班作业计划的内容要求

① 作业船舶要进行装卸货物的舱口数。

② 作业舱要装卸货物的种类、吨数、堆存场地、包装形式等。

③ 作业舱配工人数、机械种类数量、工具属具配备等。特殊货物(含危险货物)需配特种机械设备的时间和操作要求等。

④ 衬垫、隔票物料的现有数量,加固平舱等辅助作业的进度。

⑤ 确定新开工或复工的舱口。

⑥ 明确安全质量注意事项和要求等。

三、工班计划配工指导书的制作要求

调度室按生产计划要求,依照装卸工艺要求、安全操作标准,合理安排人、机、场(库),充分发挥其作用,提高工班效率。

船舶作业配工顺序如下。

① 先重点船舶,后一般船舶。

② 先重点船舶重点舱,后重点船舶轻点舱。

③ 先一般船舶重点舱,后一般船舶轻点舱。

④ 车(辆)、船(舶)并重,陆地先行。

⑤ 按工艺标准配足人、机,提高工班效率。

陆运装卸车及停船装卸车作业配工顺序如下。

① 先装卸候工班组,后作业班组。

② 按道突击,保证站点。

③ 配足人员,保证安全。

④ 先装卸难装卸货物,后大宗货类。

其他要求如下。

① 调度室根据特殊装卸情况的需要,可以做出特殊派工安排。

② 各工种接受调度室值班调度员指派的任务后,不经值班调度员允许不准私自更改原指派任务或不服从指挥。

③ 调度室现场调度员发现作业人员不足或车数(车号)与配工不符时应及时汇报值班调度员并根据指示组织作业。

④ 调度室值班调度员应在下一装卸班次配工前深入现场掌握情况,防止错派工和误派工现象发生。

⑤ 调度室值班主任应在值班调度员深入现场时代替值班调度员值班。

⑥ 调度室值班调度员及航、陆运调度员应依照岗位交接班内容,在现场工作中掌握和落实。

四、装卸作业票的填写要求

(一)装卸作业票填写内容的基本要求

① 队组名称及工作日期、班制时间。

② 船名或工作地点。航运作业填写船名或停泊地段,陆运作业填写×库、×场、×段,倒垛作业填写×库场到×库场。

③ 舱别。填写×舱、×舱前头或后头、×舱牢靠、×舱水舱眼、×冷藏舱等。

④ 车型。火车车型应按棚车、斗车、板车、罐车等分别填写,汽车如为冷藏车则要注明。

⑤ 操作过程。填写 A)船↔船;B)船↔驳;C)船↔火车;D)船↔汽车;E)船↔库场;F)船↔码头;G)船↔仓库;H)驳↔火车;I)驳↔汽车;J)驳↔库;K)火车↔库场;L)火车↔站

台;M)汽车↔库场;N)库场↔库场。

⑥ 机械设备与车号。作业队组负责填写固定和流动机械类型名称和车号,如船机或门机号 06、吊车 02、平台 05、拖头 08、铲车 12 等,并在机械司机出勤栏内填上机械司机的具体姓名或工号。

⑦ 操作方法。填写 A)成组;B)垛上成组;C)大垛;D)抓斗;E)人力;F)兜子;G)拆成组;H)自装;I)自卸;J)倒装;K)滚装;L)自卸;M)机力;N)港机自装;O)港机自卸。

⑧ 货名、包装和操作吨。根据仓库理货员填报的工班票的具体货名填写或按定额规定的货类进行适当分类,应将有定额规定要求的货类与其他货类分别填写,不能笼统填写杂货或钢杂。包装形式按货物的外形包装,参照理货员填报的工班票填写,如干散货、液体散货、袋、捆、箱、筒、包、卷、件、成组托盘、成组包、割口包等填写。操作吨可不必填写,以工班票上的重量为依据。

⑨ 调出调入人数。本组给其他组补人,填"调出"栏,其他组给本组补人,填"调入"栏。要分别填明组别和人数,有外部工人或机关干部参加劳动时,也应将单位和人数填写清楚。

⑩ 实际作业人数。无论航运、陆运作业,均指在一个完整的作业过程中实际参加的工作人数。

⑪ 时间记录。原则上按班制时间内的 12 小时连续记录,具体填写时,应根据装卸定额规定工时的要求,按照现场作业实际时间变化情况,据实填写。应将同一定额作业时间合并一起填写,不必分基本作业、辅助作业准备结束,生产程序中断,法定休息和生理需要等时间细目。但中间夹有其他定额作业时间,不要分开填写,应将后面同一定额的时间段移到前面来填写,非定额时间范围内的时间均需详细记录,可填在"备注"栏内。

⑫ 出勤记录各栏。该项填写数字要与签到本一致。

1)在册人数,应与签到发工资人数一致。

2)出勤作业人数,是指工人到班后实际参加生产的人数。在本组签到,但没有参加本组生产的应从作业人数中减去,如公出人数等。

3)公出人数,是指工人根据企业行政指示从事其他社会活动、开会等,未参加生产工作的人数。

4)缺勤人数,应写清缺勤人姓名或工号及缺勤的假别。

(二)装卸作业票填写内容的注意事项

装卸劳务供方记录员填写装卸作业票的要求,应按装卸定额规定的操作过程、配机、操作方法和实际作业人数理货员填报的工班票分别填写,并将对应的工班票号填在作业票记录前面。

① 每当操作环境、配机等影响定额效率的因素发生变化时(如换泊位、换船、换舱别、换操作过程、换机械、换操作方法等)应及时通知仓库管理员,以便仓库理货员及时区分不同操作环境下所装卸的货物,分别填报不同的工班票。

② 应将不同货类装卸作业的起止时间详细填写清楚,对仓库理货员填报工班票有异议时,可与仓库理货员协商解决。

③ 定额外单项作业,如单独平仓、摇仓、扫仓、整理货场等,除在装卸作业票上填写外,还要有调度室调度员的单项作业签证记录,连同装卸作业票交货运市场部工班核算员。

④ 记录员填写作业票要认真负责、实事求是地填写,不得弄虚作假。

⑤ 作业票的填写字迹要工整,不能涂改。

⑥ 作业票各项需记录员填写的内容要填写清楚,防止漏填或错填,特别是作业时间要根据环节的变化、货类的变化、配机的变化分别填写清楚,当天的工人出勤情况应填写准确无误。

⑦ 当日作业票必须于班后交到货运市场部作业票记录小组,经核实后转人力资源部进行工资核算。

第十章
理货典型案例分析

案例一　理残、地脚货

案例:某轮靠泊港口卸袋装氧化铝,开舱后理货员查看舱内货物装载情况时,发现舱内货物残损比较严重——货物水湿、破袋多、多撒漏。理货员立即将情况通知理货组长,理货组长与大副一起到舱口验看情况时,大副告知理货组长,船舶在航行中遭遇台风,造成货损,大副同意签署有关货物残损的现场记录,同时提供了与货物包装相同的备用袋,用来灌装地脚货。理货组长直接将大副提供的备用袋交给了工人。卸船过程中,工人随时将撒漏货装入备用袋并在卸船过程中随时与正常货物一同卸下。有的工人为了卸船效率甚至将半袋货连同原包装一起直接拼装到备用袋内卸下,船边理货员未能察觉。理货队长现场巡查发现后,立即要求工人停止卸船作业。

案例解析:理残是理货人员的一项重要工作,理货人员能否正确处置残损货物,直接关系到承运人、发货人、保险人和港方的利益。在装卸船理货过程中,一方面理货人员需要结合实际情况,综合考虑理货的各环节,设计好验残的流程和重点,为公正、准确地实施理货验残创造条件;另一方面理货人员在实施验残的过程中,要严格分清原残、工残,确定残损数量。本案例中,如果理货队长没有及时发现问题,立即制止卸货,该轮在后续的单船理货交接、完船签证,甚至收货人与港方办理提货交接时,都有可能产生货物数量不清、残损不明的问题。通过分析,该理货组长在货物的验残操作过程中存在以下问题。

① 理货组长开工前的准备工作不充分,应该提前联系船方、代理,了解货物情况,提前确定卸货方案。即便是在开舱时才发现货物严重残损,理货组长也应要求暂停卸货作业,立即通知船方值班驾驶员、装卸指导员、内理,必要时应通知收货人到场验看,共同商讨残损货物的处置方法。必要时,可以采用照相取证等形式记录货物残损状态。

② 该理货组长在实施单船理货管理的过程中有纰漏,理货员在船边理货无法及时查验舱内残损货物的情况下,理货组长没有做到加强舱口巡查,正确地指导工人卸货,更没有及时发现工人的错误行为。

③ 该理货组长对于卸货过程中操作细节欠考虑、不缜密,尤其是在备用袋的使用方面处理的不妥当。

案例二　理数方法

案例：某轮在港口装运两票设备出口，卸货港是伊拉克两个不同口岸，两票设备的主标志均为 N/M，其中装货单 S/001 有 268 件，装货单 S/002 有 101 件。在装船作业过程中，理货员采用小票理数交接，理货员在船边收小票，边逐件核对边记录件号。在 5 舱装 S/001 的货物时，理货员发现一件货物上件号为 251 的设备第二次出现，查看理货记录，发现第一次记录件号为 251 的设备早已经装入 2 舱的二层舱。理货员发现后，立即通知理货组长。经与仓库内理和发货人联系，调查发现第二件件号为 251 的设备应属于 S/002，其件号为 51。该设备出厂时，把件号 51 号的货误标为 251。查明原因后，货主立即更改了货物件号，货物顺利装船。事后，该货主高度称赞了理货人员认真负责的工作态度并委托外理公司长期开展设备理件号业务。

案例解析 1：三方计数、设备抄号理货等这些都是行业中普遍采用的理货方法，这些方法在准确区分货物归属、正确指导船舶积载、卸货，减少理货责任事故等方面都已经被实践证明。通过本案例可以分析出该船舶理货有如下特点。

① 理货人员坚持了正确的理货方法。通过案例描述可以推断出，在装船理货前，理货组长已经向货主或代理索取了货物的相关明细，这为装船理货过程中采用理件号的方法创造了条件。设备理货采用抄号理货是充分考虑到设备货值高、成套性强的特点，这样在货物分票的同时，一方面有利于准确地计算出各舱货物的实载重量；另一方面一旦发生已装货物调仓及未装货物退关时，更便于准确计算载货量，为船方和货主办理货物调整或退关等后续工作打好基础。

② 理货人员坚持一丝不苟的理货服务，用质量赢得了客户的信任。

案例解析 2：分析本案例可以看出，虽然只是某位理货员发现货物件号上的一位之差，却能反映出整个连续进行的理货过程中理货人员工作的扎实和细致。从发现问题到寻根溯源，高效的理货服务赢得了客户的信赖，也赢得了与客户长期的合作。

 相关链接

货物甩样、挑小号、分规格等属于特殊委托业务，需要理货人员在正常分票、理数的基础上，为了满足船方、货主、代理的要求，而提供的个性化理货服务。在实际理货过程中需要理货公司与客户签订单项理货合同、理货委托书或长期合同。

案例三　货物的丈量和衡量

案例："鱼鹰箭"轮某航次在港口装运钢材，其中一票是钢管，共 300 捆。理货组长查看该票装货单的时候发现，该票货物在装货单上只有货物重量没有体积。装船前，理货员在码头堆场查看货物时，发现每一捆钢管都有 5 支，每捆钢管都有一个标示牌，标示牌显示 5 支钢管的总长度为 60 米。细心的理货员还发现每捆钢管中总有一支钢管明显长于其他四支,经实地丈量发现每捆钢管中长的那支均为 12.5 米,通过测量理货员确认该货物为超长/超重货物,并将发现的情况及时通知了理货组长。理货组长与理货员一起对货物进行进一步的丈量,根据测量结果计算出该票货物的体积吨大于重量吨。

案例解析:货物丈量是指使用量具对货物的长、宽、高进行测量。在船舶运输过程中,货物的体积是指货物占有的最大空间的体积,通常采用满尺丈量的方法获取货物体积。准确的货物体积一方面对于船舶配积载及相关运费的计算有着重要意义,另一方面也是准确计收理货费用的重要参考数据。案例中理货人员在理货过程中很好地把握住了以下几个关键环节,确保了理货结果的准确性。

① 在装货开工前对于所要装载的货物提前到堆场进行了解,做出了该票货物属于超长货物的准确判断(标示牌上总长度为 60 米,如果 5 支钢管一样长恰好 12 米,货物就没有超长。只要出现长短不一致的情况就有可能出现超长货物)。

② 没有按照钢材一般重量吨大于体积吨的惯例盲目猜测和处置,采取了满尺丈量的方法,计算出了货物的准确体积,为大副准确配货、顺利装船以及准确的计收理货费创造了条件。

案例四 隔票与分票

案例:某轮在某港装运两票大袋滑石粉出口,因为两票袋装滑石粉的袋子提手颜色不同,从事该轮作业的装卸指导员认为,袋子提手颜色不同可以自然区分,不需要隔票材料,这样有利于提高装船作业速度,对于船方和港方都有利。所以当其中一票装完后,指导员擅自指挥工人在未采取任何隔票处理的情况下,装载另外一票货物。理货组长发现后,仅仅是向调度表达该行为可能存在问题而没有采取进一步的措施进行制止。工人在装货过程中没有隔票的情况也未做记录。交接班过程中也没有交清。当晚 22 点大副外出回来,查看舱内货物装载情况时,发现舱内货物未隔票,随要求装卸工班翻倒舱,按照大副事先的要求进行隔票,这一要求造成近 200 吨货物的翻倒。

案例解析:隔票具有防止货物混票,便于卸货港卸货和交接的重要作用。应该隔票的货物没有进行隔票或隔票不清,直接影响卸货和理货工作的正常进行,由此造成船方增加费用支出。因此,隔票是船方高度重视的一项工作。通常情况下在装载货物前或装货过程中,大副都会把隔票要求告知理货组长或标注在预配图的备注栏内。理货组长应将了解的有关隔票的要求,及时通知装卸指导员,并在货物装载过程中检查和监督,不能随意更改船方的隔票要求。如果外理或其他相关人员对于船方的隔票要求存有异议,应通过建议或协商的方式,征得船方大副同意后方可更改。虽然本案例中造成货物翻倒的主要原因是装卸指导员擅自取消隔票而造成,但是从理货的角度分析,本案例中所提到的理货组长的做法也有问题。

① 没有果断制止装卸指导员改变大副需要隔票物料进行隔票的要求,这说明该理货组长对于正确地执行有关监督的责任和义务不明确,所以对于制止装卸指导员的错误做法产生了犹豫和顾虑。一般来说,在货物装船过程中货物的隔票方法由船方决定,隔票工作的实

施由装卸工班进行,隔票工作的监督由外理参与,这些职责要明确,不能因为调度的观点有一定道理就盲目跟从。

② 在发生制止无效的情况下,理货组长应对处置不当。在制止无效的情况下,理货组长应当及时通知船方值班人员并记录清楚发生的过程。在没有落实船方要求的情况下,交接班时要将问题交接清楚,以便产生争议时有据可查,同时也便于及时发现问题、解决问题。

案例五　分票

案例:"大西洋商人"轮某航次在港口装载出口的建筑材料,全船共 9 票货,其中 S/O:CT03 共计 11 163 件、11 541.418 吨,出口装货单上填写的货名是建材。理货组长发现此票货物包括木质纤维、石灰岩粉末、高黏度沥青、钢纤维、混凝土添加剂、石料等 7 种货物,具体的货物名称和吨数都不一样,本着为船方和货主服务的原则,该理货组长主动联系大副和码头船长及代理,开展了分货种业务,赢得了各方的一致好评。

案例解析:本案例中看似是理货组长"灵光一现"的发挥,实际上在操作中需要理货组长有理念的坚持、技能的储备和经验积累。

① 理货组长时刻把握服务和创新的理念。结合实际充分发挥了外理在装卸货物过程中直接辨识、验看、核实货物的优势。针对客户的需求,不断拓展服务范围,增加理货服务的内涵,发挥好理货第三方公证的作用,不但能够满足客户需求还可以增加效益。

② 需要理货组长有比较敏锐的洞察力,善于发现和把握潜在的拓展服务,如本案例中理货组长发现有一票多货种的情况,就能够意识到与之相关联的船方需要。

③ 理货组长要对于整个货物的装卸过程以及货物入货、堆存、包装、标识等情况进行细致的了解,才能确定业务是否能够顺利的开展。这就是理货人员的能力所在,这些都需要理货人员在日常工作中不断的积累和培养。

相关链接

这方面常见的理货服务,如冻鱼理货的分货种、分规格、分驳船,铸管的分规格,原木的分 LOT 号,散装货物的过磅等,都是通过细化服务创造和提升理货价值。

案例六　木材检尺

案例:某日,某物流公司委托港口理货公司派检尺人员对其所在仓库里的板材进行检量。青岛外理检尺人员到达仓库后,发现买卖双方均在场,客户要求港口外理检尺人员现场检量并计算总共 20 件货物的体积,买卖双方要根据检尺人员计算的体积并以每立方米 2 000 元的价格进行现场交易。同时,买方也申请了其他公司的检尺人员在场。港口外理检尺人员迅速开展工作,实地测量,检尺人员发现所需检量的板材比较特殊,每件均由两种规格组成,分别为 1 220 mm×76 mm×51 mm、1 373 mm×102 mm×51 mm,每种规格各 50 片。

通过认真地计算很快计算出了板材体积,并得到了买方的认可。在买方申请的检尺人员没有检量的情况下,依据港口外理检尺人员的检尺数据,买卖双方顺利完成交易。

案例解析:板材检尺是木材检尺中的一项业务,是本案例中业务顺利开展的前提条件。

① 检尺人员在明确此次工作重要性的同时要有一份责任心,恪尽职守,公正执业,不被外界事物所干扰,严守公正立场,才能做到公平、公正。

② 检尺人员在检量过程中,将买卖双方叫至检量现场,以避免买卖双方出现分歧。

③ 计算准确。计算每件板材体积,根据体积计算公式 $V = L \times W \times T / 1\,000\,000$, $V_1 = 1\,220 \text{ mm} \times 76 \text{ mm} \times 51 \text{ mm} \times 50 = 0.236$ 立方米, $V_2 = 1\,373 \text{ mm} \times 102 \text{ mm} \times 51 \text{ mm} \times 50 = 0.357$ 立方米, $V = V_1 + V_2 = 0.236 + 0.357 = 0.593$ 立方米。20 件的总体积为 $0.593 \times 20 = 11.86$ 立方米。交易总金额为 $11.86 \times 2\,000 = 23\,720$ 元。

案例七　溢短装货物

案例:"礼若奋进"轮某航次在上海港海通码头卸在德国装船的宝马汽车。卸货过程中理货员发现其中一辆宝马汽车根据舱单上注明的车辆型号为宝马760型,但实际的车辆为宝马730型,与舱单不符。随即理货员通知理货组长,并联系船方大副确认。大副认为该车辆可能在装货港装错。理货组长进一步核实并依据实际理货结果编制货物溢短单证——该票货物溢卸一辆 N/M 宝马汽车(型号为730),短卸一辆 N/M 宝马汽车(型号为760),船方表示能够接受,并签证确认,上海中理对于该票货物的后续发展进行了跟踪。

案例解析:在实际理货过程中,常常会遇到同一类货物多票主标志为 N/M 的情况,这为正确分票卸货并准确签证带来了困难。在准确地核查实际进口货物与进口舱单上的唛头、货名、包装形式、数量等是否一致的前提下,通常还要向货主、代理、船方大副索要更多的货物信息或装货港货物装船资料来帮助分票卸货,卸货过程中更是要把握住理货的各个环节,通过细致的工作,确保理货结果的准确性、合理性。本案例就是一起溢短货物从发现到签证再到后续追踪的典型案例,理货结果的圆满取决于理货人员的出色服务。

① 理货员工作细致,在发现主标志无法区分货物归属的情况下,结合车辆理货的特点,更细致地把握住了车型不同的特征,发现了问题。

② 理货组长能够及时与船方沟通,得到船方认可,为正确和顺利实施签证奠定了基础、创造了条件。

③ 公司对于后续工作高度负责的态度更是可圈可点。该轮签证完毕后,公司随即通知码头公司在发货的时候注意分清车辆型号。由于当时宝德公司作为唯一一家在大陆销售宝马汽车的经销商,经销商与德国宝马公司有长期的销售合同,所以车辆没有退回,并对于理货公司高度负责的工作态度表示认可。

相关链接

车辆理货工作中不能仅仅依据车辆的票数和唛头来确认。一般状况下一票车辆中会有不同车型的车辆,而且不同车型的价格相差比较大,包括车辆的颜色,所以在理货过程中不但要核对票数和唛头,还要检验车辆的型号以及车辆的颜色等。目前车辆条形码扫描技术在理货生产中的应用,大大提升了理货服务的内涵和价值。

案例八　溢短装的处理方法

案例:某日,"塔伏"轮某航次在港口卸冻鱼,货主租用卡车从港口码头前沿直取提货,理货员与货主采用一车一核对的方式直接办理货物的交接手续。下午该轮某理货员在与冻鱼货主核对某一车冻鱼数字时发现双方数字有出入,货主提供的冻鱼数字比理货员的冻鱼数字相差一勾货物。理货员立即将情况告知舱口工人,暂停该舱口冻鱼卸货,然后与舱口记勾的船员进行了核对,发现双方的冻鱼数字一致。同时,理货组长调取了该作业线的监控录像,用事实打消货主的顾虑,顺利完成了该车冻鱼的交接。

案例解析:因为货物的特性或装卸方式不同,理货作业特点也有所不同。在冻鱼的卸货理货中就有着比较明显的个性化的特征:因为冻鱼的货值比较高,一般在卸船过程中,船员都会参与冻鱼的记勾理数。为了确保签证顺利,理货员需要在与船员进行卸货数字核对的同时,要与直取货物的货主办理交接。本案例中数字争议的顺利解决反映出理货人员在业务处理方面操作合理。

① 理货员发现问题后及时制止了冻鱼卸船作业,防止在解决该车货物数字争议的同时不会因为分神而导致新问题的产生。

② 理货员及时与船员核对货物数字,便于及时找出可能出现的差错方。

③ 信息技术在冻鱼理货中的运用,对于及时解决数字争议发挥了关键的作用。通过分析本案例也能看出理货方法和技术也要与时俱进与时代同步。

 相关链接

冻鱼理货的特点决定了在理货过程中理货员需要高度负责,时刻严守劳动纪律,严格按照理货流程逐勾清点并与记勾船员签字认可。理货员在同货主办理数字核对时,多采用五勾一对、一车一清的理货方法。这样的做法一方面保证了理货数字的准确性,另一方面保证了交接数字的一致性,便于及时发现问题,及时解决争议。

案例九　装拆箱理货

案例:某理货员接受任务到某场站从事拆箱理货作业。现场拆箱箱号为 HNSU2027914,根据舱单显示:船名航次为 PATRICIA SCHULTE /1202N,提单号为 HPMELSHA2A46097 – 01的货物件数为 197 件,提单号为 HPMELSHA2A46097 – 02 的货物件数为 198 件,提单号为HPMELSHA2A46097 – 03 的货物件数为 199 件。打开集装箱后发现,三票货物放在 9 个托盘上,并且托盘上的货物标志为杂唛。最后经过与代理的沟通,了解到实际情况为境外装箱时把三票货物打成了 9 托盘,理货员据实制作了相关理货单证。

案例解析:通过本案例分析可以总结出一些理货经验。

① 拆箱前需要核对好箱号、铅封号及拆箱前的箱体状况,箱内货物要根据理货依据显示的唛头、件数进行实物清点核对。

② 发现拆箱数字有明显的溢短现象时需要及时联系仓库内理等相关方进行确认。

③ 对于溢出货物一定要详细记录好货物的唛头,区分货物的包装形式。拆箱过程中货物往往以托盘的形式出现,理货一定要以实际包装为计数单位。有时客户提单会显示小件数,如果客户需要货物的小件数量,可以要求客户申请理小数。

相关链接

装拆箱理货在多数理货公司大多属于委托性理货业务。委托性理货业务更应当坚持好公正、准确的原则,维护好理货公司的信誉。鉴于有时装拆箱理货地点不固定,在装拆箱理货过程中,始终要把握住"理数"这一关键环节。例如,在橡胶的拆箱理货过程中,要加强与拆箱工人的配合,在确定好按照托盘计数的情况下,就要坚持好每个货盘橡胶的"三定"堆码原则,确保理货数字的准确性。

案例十　签证与批注

案例:"新昌和"轮某航次在江阴港卸由韩国进口的 PTA,舱单数字为 5 460 包,实际理货数字为 5 459 包,短少 1 包。完船理货组长通过核查,确认数字无误,制作完船单证提请大副签证,大副在看到溢短单时,提出该轮常年多次在江阴港卸 PTA,从未发生短少,要求加批注:"According to shore tally, the ship not responsible for the above shortage." 完船理货组长认为该批注为不可接受批注,向大副提出:①该轮常年多次在江阴港卸货从未发生短少,同样说明理货质量的过硬,以前没有短少并不意味着本航次就不会短少;②货物数字已经经过多方核查,确实短少一包;③如果船方坚持加该批注,将加反批注:"Tallyman's remark:The above figures are actual, please settle it as per relevant clauses." 通过理货组长的耐心解释最终大副仅按惯例加了:"All cargo discharged, nothing remained on board."

案例解析:签证是船方对理货结果的确认,是划分承、托运双方责任的依据。签证不仅仅简单地要求船方在理货单上签字,而且要在理货结果准确无误的前提下,提请船方签字。在签字过程中,要充分尊重船方的合理要求,发生争议,要以理服人。本案例中就是正确实施对外签证的一个实例。在实际操作中,签证环节的关键在于批注的处理,船方往往在对货物的数字或残损存有异议时,从自我保护的角度,加放批注。针对船方批注,本案例中理货组长的做法值得学习。

① 准确判断该批注属于不可加批注,积极说服大副撤销不可加批注。

② 在说服大副的过程中不卑不亢,应对有理有据,方法得当。例如,在大副提出以过去无短少推断出本航次也应无短少时,理货组长用同一个观点也证明了理货数据的准确性;另一方面通过强调曾多次核查这一事实,来进一步证明理货数字的准确。

③ 明确告知大副,如果坚持加放不可加批注时,我们将要采用加反批注的方式表达事实。在实际理货签证过程中,理货组长往往通过提供一个双方可以接受的批注,起到缓和气氛、打破僵局的作用,对于解决此类问题比较奏效,追加反批注可以作为备用方案使用。

 相关链接

在实际理货过程中理货组长要加强对于理货数字及残损状况的预控,一是加强过程控制,确保理货数字准确、残损按照与船方约定的处理方式解决;二是加强签证的过程处理,一定要在明确批注内容后再提请船方签证,为了尽快解决争议,必要时可以协调作业指导员、代理共同参与;三是熟悉掌握常见批注处理,正确区分可加批注与不可加批注,掌握反批注的运用;四是要加强沟通,尤其是要不断提高英语水平,便于消除语言障碍,确保交流顺畅。

案例十一　装货单

案例:"长崎海运"轮某航次在湛江港集司码头装载袋装硅锰。该轮装货过程中,某日交接班时,NO.2 舱的前部还有装货单 S/O 4 余下的 11 袋硅锰未装船,理货员甲将此情况交给理货员乙,理货员乙接班后,先是简单地通知了一下装卸指导员 11 袋硅锰的装舱位置,然后在未通知理货组长的情况下就去货垛查看下一票货物情况。然而就在这个时间段内,装舱的工人未将这 11 袋硅锰装在 2 舱前部而是装到了 2 舱后的底部,并把下一票货物——装货单 S/O 2 的硅锰装压在其上面。第二天理货员乙交班后,由于货主原因,装货单 S/O 4 的硅锰需要退关,货物卸地后经清点发现只有 389 袋,少 11 袋。后经了解工人才找到装在 2 舱后底部的 11 袋硅锰。就是因为这 11 袋货物的寻找和翻倒,耽误了较长的时间,延误船舶的开航。

案例解析:装船理货过程中理货环节较多,理货人员应随时掌握理货进度和变化,及时把握工作重点和关键点。这对于保证整个装卸过程的顺利,确保理货质量非常重要。本案例中的问题主要是理货员乙没有把握好指导和监督工人正确装舱积载的重要环节,致使工人装载错误后没有及时发现和纠正,造成了货物的翻倒和时间的延误。通过进一步分析,导致本案例监督装舱失控的主要原因有以下几个。

① 接班时理货员、理货组长对于 11 袋硅锰未装这种容易疏忽或出错的事情没有引起重视和关注。理货员虽然告知了指导员但没有重点强调,也没有跟踪。

② 没有把握住舱口理货的关键点,尤其在一票装载完毕时,舱口理货员应重点关注货物积载位置及隔票情况。理货员乙没有做到及时盯靠。

③ 理货员与理货组长的配合有待加强。理货员因故离开岗位或转换理货地点时应通知理货组长,确保对装卸生产的有效管理和关注。理货组长在作业过程中应当加强对理货员的业务指导及重点环节和业务的提醒或检查。

案例十二　水尺计重

案例:某轮某航次进港装矿石。装船前,船长 Lbp = 168 m,dF = 6.4 m(首垂后),dA = 10.2 m(尾垂前),Fp = 4.14 m,Fs = 4.19 m,Ap = 5.05 m,As = 5.12 m,Mp = 4.54 m,Ms = 4.51 m;测得燃油 300 吨,淡水 400 吨,压载水 500 吨,港水密度 1.015,船舶常数 280 吨;经查表,船舶排水量 7 380 吨,T.P.C = 22,CF = 2 m(船中后)。完货后,dF = 5.6 m(首垂后),dA = 9.8 m(尾垂前),Fp = 12.26 m,Fs = 12.2 m,Ap = 13.03 m,As = 13.05 m,Mp = 12.76 m,Ms = 12.78 m;测得燃油 280 吨,淡水 360 吨,压载水 40 吨,港水密度 1.010,船舶常数 280 吨;经查表,船舶排水量 29 360 吨,T.P.C = 28,CF = 2.6 米(船中后)。理货人员根据上述数据很快计算出了该船舶本航次的载货量。

案例解析:水尺计重业务需要了解船舶结构,掌握船舶常用表格的使用,能够掌握相关计量数据的运算。本案例具体的运算步骤如下。

装船前:

(1)横倾校正

Fps = (Fp + Fs)/2 = (4.14 + 4.19)/2 = 4.165(m)

Aps = (Ap + As)/2 = (5.05 + 5.12)/2 = 5.085(m)

Mps = (Mp + Ms)/2 = (4.54 + 4.51)/2 = 4.525(m)

(2)纵倾校正

T = Aps − Fps = 5.085 − 4.165 = 0.92(m)

Fc = T × dF/(Lbp − dF − dA)

　　= 0.92 × 6.4/(168 − 6.4 − 10.2) = 0.039(m)

Ac = T × dA/(Lbp − dF − dA)

　　= 0.92 × 10.2/(168 − 6.4 − 10.2) = 0.062(m)

Fm = Fps − Fc = 4.165 = 0.039 = 4.126(m)

Am = Aps + Ac = 5.085 + 0.062 = 5.147(m)

(3)中拱中陷校正

DM = (Fm + Am + 6Mps)/8

　　= (4.126 + 5.147 + 6 × 4.525)/8 = 4.553(m)

(4)排水量纵倾校正

Z = CF × T/Lbp × 100 × T.P.C

　　= 2 × 0.92/168 × 100 × 22 = 24.1(t)

△2 = △1 + Z = 7 380 + 24.1 = 7 404.1(t)

(5)港水密度校正

△ = △2 × r1/r = 7 404.1 × 1.015/1.025 = 7 331.86(t)

装船后:

(1)横倾校正

Fps = (Fp + Fs)/2 = (12.26 + 12.20)/2 = 12.23(m)

Aps = (Ap + As)/2 = (13. 03 + 13. 05)/2 = 13. 04（m）

Mps = (Mp + Ms)/2 = (12. 76 + 12. 78)/2 = 12. 77（m）

（2）纵倾校正

T = Aps − Fps = 13. 04 − 12. 23 = 0. 81（m）

Fc = T × dF/(Lbp − dF − dA)

　　= 0. 81 × 5. 6/(168 − 5. 6 − 9. 8) = 0. 03（m）

Ac = T × dA/(Lbp − dF − dA)

　　= 0. 81 × 9. 8/(168 − 5. 6 − 9. 8) = 0. 052（m）

Fm = Fps − Fc = 12. 23 − 0. 03 = 12. 2（m）

Am = Aps + Ac = 13. 04 + 0. 052 = 13. 092（m）

（3）中拱中陷校正

DM = (Fm + Am + 6Mps)/8

　　= (12. 2 + 13. 092 + 6 × 12. 77)/8 = 12. 739（m）

（4）排水量纵倾校正

Z = CF × T/Lbp × 100 × T. P. C

　　= 2. 6 × 0. 81/168 × 100 × 28 = 35. 1（t）

△2 = △1 + Z = 29 360 + 35. 1 = 29 395. 1（t）

（5）港水密度校正

△ = △2 × r1/r

　　= 29 395. 1 × 1. 010/1. 025 = 28 964. 93（t）

（6）净载重量的计算

A = 7 331. 86

a = 300 + 400 + 500 = 1 200

B = 28 964. 93

b = 280 + 360 + 40 = 680

WL = (B − b) − (A − a)

　　= (28 964. 93 − 680) − (7 331. 86 − 1 200) = 22 153. 07（t）

案例十三　积载图修正

案例:"中海蒙特维多"轮某航次在某港口101泊位装卸集装箱。装箱开始前,船舶配载员将预配图递交大副审核后,提供外理预配图两套。理货组长接到预配图后按照要求为理货员用彩色笔标注分港,标注过程中理货组长发现预配图中BAY14舱内05列有压港现象,将卸港为马尼拉的集装箱预配在卸港为上海的集装箱上(港序为先挂靠上海港后到马尼拉港)。理货组长立即到大副办公室向大副提出了所发现的问题,电话通知了船舶配载员。经确认是配载失误后,大副对于预配图进行了调整并在调整处签字确认,理货组长按照船方要求,通知船舶配载修正船图。

案例解析:集装箱理货不仅要核对准确集装箱箱号、检查清楚集装箱残损、记录清楚积载位置等基本要求,还要对包括配积载检查、装卸过程中出现的特殊情况的处置等环节发挥把关作用,体现理货的价值。本案例中理货组长的工作合理规范,起到了把关的作用。

① 本案例中的理货组长能够从细节入手帮助理货员做好理货准备工作,理货组长用彩笔分港标注就是为了提醒理货员在装箱过程中注意有分港。

② 作为一名理货组长需要了解船舶挂靠的港序等信息,这有利于装箱理货过程中核查实装情况,也为核查船舶预配船图,协助船方大副调整船图创造条件。

③ 把握好责任与服务的界限。案例中理货组长认真地执行"大副调动船图需要签字确认"的要求,相关操作规范合理。

④ 加强与配载员的配合,体现出港口理货工作相互协作、相互支持、相互监督的工作性质。

 相关链接

在各理货公司集装箱理货过程中,有的使用独立开发的 PDA 理货系统,有的使用港口集装箱公司的终端操作系统,可能在信号的传输途径、操作细节上有所不同,但在船图的标注箱位的方法以及系统的核心功能方面大同小异。本案例中有关预配图的使用、分港口标注颜色等具体做法可能各港口理货公司做法不一,但严格把关、强化服务质量的意识和做法却是基本一致的。

案例十四　集装箱理货程序

案例:"宏城"轮某航次在上海港沪东集装箱码头卸箱作业。在 BAY38 卸一个框架集装箱时,理货员发现集装箱内装载的一辆奔驰牌工程车的两个操纵杆弯曲变形。随即,理货员通知理货组长联系船方予以确认,大副坚持认为:"船方在集装箱铅封完好的情况下只对集装箱的外表状况负责,而对箱内的货物状况不负责任。"并称集装箱运输单证已经批注"发货人装箱和加封"。理货组长对大副说:"对于货主自行装箱的整箱货来说,承运人确实对集装箱箱内货物不负责任,但是,该集装箱是一个框架集装箱,箱内货物残损明显,理货编制的集装箱箱内货物残损记录是记载集装箱在装卸过程中的实际状况,我们所要的就是希望船方对这个状况作一个事实证明。"建议船方可以在理货单证加批注:"装船时已坏,船方对于残损不负责任",大副遂认可签字。

案例解析:在框架箱、平板箱的装卸过程中,理货人员需要对所承载货物外包装或裸装货物的外表进行验残,本案例中理货人员及时发现框架上车辆的残损,这为界定残损的责任提供了有力的证据。另一方面通过本案例也可以看出在实际工作中处理船方签证和批注时的一些技巧和方法。

① 摆事实是最好的证据,讲道理最有说服力。理货组长没有根据船方提出的理由进行解释或反驳,这就避免了理货组长陷入对于规则或合同内容的纠缠,而是巧妙地转移到自己熟悉的惯例和规则上,用残损的事实和求证实卸货物状态的合理诉求让主动权掌握在自己手中。

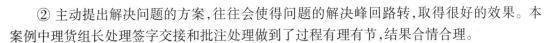

② 主动提出解决问题的方案,往往会使得问题的解决峰回路转,取得很好的效果。本案例中理货组长处理签字交接和批注处理做到了过程有理有节,结果合情合理。

相关链接

集装箱运输中,承运人常在提单正面进行保留性批注,其具体表现形式包括:SLAC——Shipper'Load and Count(托运人装箱、计数);SLCS——Shipper'load,count and seal(托运人装箱、计数并铅封);STC——Said to contain(据称内装)等。为了进一步明确该类批注的作用,承运人通常还在提单的背面规定所谓的"不知条款",以保护自己的利益。

案例十五　电子船图的准备

案例:某地中海航运旗下的集装箱班轮在港口装载集装箱完毕后,该轮船东代表(以船公司人员的身份协助船方办理相关业务的人,船东代表一般需要协助完成配载工作并在完船时向船方提供积载信息等)委托完船理货组长用船方提供的软盘拷贝该船装载信息,完船时提供给大副。大副接过理货组长提供的软盘后,插入到电脑软驱后发现无法打开软盘。理货组长随即将备份的第二个软盘交给大副,这一次,大副虽然使用电脑打开了软盘,在读取文件时,发现船图文件格式错误。信息无法导入系统(该格式为船东指定报文格式)。大副因此拒绝在理货单证上签字,理货组长二话没说,通过对讲机要求现场微机室立即使用U盘拷贝大副指定格式船图信息并及时送达。大副导入正确的积载信息后,立即与理货组长办理了理货签证。事后,当大副了解到事情发生的经过时,对该理货组长深表感谢。

案例解析:船图信息的电子化在集装箱运输上已经普及,在实际理货过程中,相对纸面船图,船方更加注重电子船图的准确性和及时性。现在各理货公司向船方、代理、船公司提供准确及时的电子积载信息已经成为常规理货服务的一部分。本案例中理货组长对于签证业务处置比较恰当。

① 理货组长的准备工作相对比较充分。他能够做到提前做好了备份盘,当发现第一个盘有问题可以立即启用备份盘。本案例中,虽然两个软盘都未将船图信息导入大副的电脑系统中,但理货组长的准备工作还是值得肯定的。

② 理货组长在应急处置方面做得不错。当发现格式有误时,理货组长没有纠缠于向大副解释格式错误的原因而是积极联系微机室,第一时间拷贝船图,确保了船舶及时离港。

相关链接

在日常理货过程中,大多数大副会直接向理货组长索要电子积载信息,所以理货组长需要事先询问船方可使用什么格式的船图信息,及时制作和提供电子积载信息。同样,向代理、船公司发送积载信息也要准确及时。

案例十六　船图箱号的核查

案例：某轮在上海港卸进口集装箱，当卸 BAY 13 时，船图显示在 130284 的位置上有一箱是上海港应卸的空箱，但该空箱在进口舱单没有相关信息。实卸过程中理货员发现在 130284 的位置上的确有一箱子，箱号与船图提供的箱号不一致，并且有铅封。理货员在卸货过程中立即联系桥吊司机使用桥吊进行衡重，发现该箱重 2.6 吨。理货组长及时与港方、船公司联系，查询该箱归属。最终，船公司确认该箱为东京中转箱，属装货港错装，船公司要求卸地后，重新转船载运回东京，理货组长将该箱按照溢卸处理。

案例解析：本案例中理货人员应对处置得当，理货结果准确无误。

① 能够及时发现箱号与船图不一致的情况，说明理货员盯箱理货仔细认真。

② 操作环节缜密，当理货员发现箱号与舱单或船图不一致时，没有因为船图标注为空箱而受到干扰，能够及时查验铅封状况，为下一步的工作奠定了基础。

③ 理货组长在初判和确定方面做法准确，联系桥吊衡重，向船公司反映实际理货结果，保证了该箱的准确处置，这些正确的操作最终确保了准确的理货结果。

 相关链接

在卸船理货过程中，船图箱号与实卸箱号不一致是较为常见的情况。对于这种情况不能擅自按照溢短箱进行处理，必须与船方、港方、船公司及时沟通，获得正确的箱信息；同时，大多空箱属于调拨，正确地掌握各船公司集装箱箱主代号在日常理货过程中对于判别箱属也有一定的作用。

案例十七　装货单的核查

案例："珍珠泉"轮某航次在港口出口纯碱。开工前船舶代理将其中一票装货单送至船边，理货组长接到并检查过装货单后，认为该装货单不符合要求，希望整改和明确，装货单予以退回。为了不延误船期，理货组长协调大副和码头，调整了装货顺序，船舶代理及时更改了单证，未耽搁货物装船。完船时，船舶代理感谢理货组长的支持和帮助。（以下是该票装货单的样本，装货单上××××为单位名称，另外装货单上盖有海关的验讫章及代理公司的印章。）

×××代理有限公司

S/O No. ZZQ1304B

装货单

Shipping Order

船名　　　　　　　　　　　航次　　　　　　　　目的港
M/S　ZHEN ZHU QUAN　　　　Voy.　1304　　　　For　INCHON , KOREA

托运人
Shipper　×××CHEMICAL　CO.,LTD

收货人
Consignee　×××INDUSTRIAL LIMITED

通知
Notify　×××INDUSTRIAL LIMITED

标记及号码 Marks & Nos.	件数 Quantity	货名 Description of Goods	毛重(kg) Gross weight in Kilos	尺寸(m³) Measurement Cu. M.
N/M	200BAGS	SODA ASH SENSE	200600KGS	150CBM
共计件数(大写) Total Number of Packages in Writing SAY : TWO HUNDRIED BAGS ONLY.				

日期　　　　　　　　　　　时间
Date ＿＿＿＿＿　　　　　　Time ＿＿＿＿＿
装入何舱
Stowed ＿＿＿＿＿
实收
Received ＿＿＿＿＿

理货员签名
Tallied By ＿＿＿＿＿＿＿＿＿＿＿＿＿＿＿＿＿＿＿＿＿＿＿＿＿

案例解析: 出口装货单作为件杂货出口理货依据,认真仔细核对、核查装货单是确保出口件杂货理货顺利进行的一项重要工作。本案例主要反映的是理货组长初步核查装货单的情况,主要问题有以下几个。

① 装货单上应该加盖海关的放行章而不是验讫章,这直接关系到货物是否正常放行、可否装船。

② 装货单中关于货物件数的 HUNDRED 误打印成 HUNDRIED。

③ 货物名称中 SENSE 的单词应该是 DENSE。

案例十八　理货证明书的制作

案例: 直布罗陀籍船舶"JI CHENG",VOY. 1203N. 于 2012 年 9 月 30 日,抵某港卸货,于 2012 年 10 月 1 日完成卸货,具体如下。

9 月 30 日(星期日)08:00—08:30,在锚地卸下甲板上的集装箱 E20×2(由于此船在航行过程中与他船碰撞,造成集装箱严重变形,代理已经提供海事报告),卸货过程中因妨碍青岛卸货,造成过境货集装箱翻倒 F20×4。

9 月 30 日 18:00 靠泊港口 U3 区,18:00—22:00 从 5 舱卸铸管 120 支(其中 115 支为单只,规格为 DN400,单只重 2 吨,长 6.15 米;5 支为套管,每支重 10 吨,长 8.15 米);卸板材 159 捆(每捆重 1.5 吨,长 12.05 米)。

9 月 30 日 22:00 至 10 月 1 日 06:00,从 1 舱卸铸管 39 支(为 DN400 的单支铸管);从 3 舱卸化肥 774 袋,空袋 8 袋,地脚 9 袋。

10 月 1 日 06:00—12:00,从 2 舱卸淀粉 661 包后,全船货物卸毕。

理货组长按照上述情况制作理货证明书。

案例分析:理货单证的制作需要根据实际理货生产情况结合相关要求,综合考虑非一般货舱、节假日、夜班等各项因素,才能正确制单。

TALLY CERTIFICATE

(Inward/Outward)　　　SHEET　NO. ONLY

Vessel:JI CHENG　　　Voy. 1203N　　　Berth:U3　　　Nationality:GIBRALTAR

Tally commenced on　　30 – 09,2012　　Date of list　　01 – 10,2012

This company has undertaken and completed the following work for you in process of delivery/taking delivery of cargo/containers and you are requested to sign this certificate in order to settle accounts in accordance with the regulation and standards governing fees collection issued by official organs.

No.	Tally items		Quantity	unit	remarks
1	Break-bulk cargo		1,961	PKG	(1,961)PKGS tallied on Sunday/holidays
					(1,021)PKGS tallied at night shifts
2	Containers (Loaded)	20'			
		40'			
	Containers (Empty)	20'	2	CONT	ALL HOLIDAYS. ALL SALVAGED. ALL ANCHORAGE.
		40'			
	Stuffing/Stripping of containers	20'			
		40'			
3	Tally paper for bulk cargo				
4					
5	No-cargo hold		200	BAG	
6	Stand-by time				
7	Over weight/Over length		159	PKG	
8	Shifting/Reloading(F20×4)		4	CONT	ALL HOLIDAYS. ALL ANCHORAGE.
9					
10					

Cheif Tally:×××　　　　　　　Master/Chief Officer/Entrusting Party:

附录 A 外轮理货常用对话英语

001. 请问,你是这船上的船员吗?

Excuse me,are you a seaman on this ship?

002. 你以前到过我们港口吗?

Have you been to our port before?

003.

——你们港每年的吞吐量是多少?

——每年一亿多吨。

——How many tons of cargo can your port handle a year? (Or:What's the cargo throughput of your port a year?)

——Over one hundred million tons a year.

004.

——谁在敲门?

——是我,理货长。

——Who is knocking at the door?

——It's me,Chief Checker.

005. 我是外理公司的理货长,我姓李。

I'm the Chief Checker from the Ocean Shipping Tally Company. My name is Li.

006.

——抽支烟?

——我不抽烟,谢谢!

——Have a cigarette?

——No,thanks. I don't smoke.

007.

——你喝饮料吗?

——好的,请来点。

——要茶还是咖啡?

——请来杯茶。

——你的茶掺点柠檬还是奶加糖?

——什么都不掺。

——Would you like any drinks?

——Yes,please.

——Which do you prefer,tea or coffee?

——A cup of tea,please.

——How do you like your tea,with lemon or with milk and sugar?

——Nothing.

008. 我们公司正规上班的时间是从上午 7:30 到下午 5:30。

Our company's normal office hours are from 7:30 a. m. to 5:30 p. m.

009. 今天下午 1:30 开工,再见!

We'll start to work at half past one this afternoon. Have a good day.

010. 今晚我下班以后就来找你。

I'll come to see you as soon as I'm off duty tonight.

011. 我是这个舱的理货员,你是舵工吗?

I'm a tallyman of this hatch. Are you a Quartermaster?

012. 我忘了带纸,你能给我几张空白计数单吗?

I forgot to bring some paper with me. Would you mind giving me a few blank tally sheets?

013.

——今天是几号?

——十月五号,农历八月十五,也就是我国的传统节日中秋节。

——What's the date today?

——October 5th, the 15th day of eighth lunar month, namely the traditional Mid-Autumn Festival of our country.

014. 你们中国人在过去的几年建设中确实取得了非常显著的成就。

You Chinese people have really acquired pretty \ remarkable \ outstanding \ achievements in your construction for the past few years.

015.

——暂时谈到这儿吧,再见!

——再见。

——That's all for the time being. See you tomorrow.

——See you tomorrow.

016. 邮寄员来取信件了,请打开邮件室。

Here comes the postman for the mails, please open the mail room.

017. 值班副过来干什么?

What does the Duty Officer come here to do?

018. 刚才谁来找我了?

Who came to see me just now?

019. 甲板上走路小心点。

Be\careful\alert\watchful\when walking aboard.

020. 我没有要打字的理货单证,谢谢你。

I have no tally papers to be typed. Thank you.

021. 卸货速度这么高,我非常惊奇!

The discharging rate is so high that I'm greatly surprised!

022. 你们的装货班轮什么时候开航?

When does your cargo liner sail?

023. 大副,我得走了,祝你一路平安!

Chief Officer, I must leave now. Wish you a bon voyage!

024. 很抱歉我事先未告诉你。

I'm\exceedingly\purely\sorry for not having told you in advance.

025. 我们将尽力去做。

We'll do it by all means. (Or: We'll do our almost.)

026. 大副,请不要激动,平静点,生气不能解决问题。

Chief Officer, please don't excite yourself. Keep calm. Anger can't solve any problems.

027. 抱歉,我发脾气了。

I'm sorry to have lost my temper.

028. 给你一些下年的年历,我祝你新年快乐!

Here are some calendars for the coming year for you. I wish you a happy New Year!

029. 大副,我代表我的经理,并以我个人的名义祝你航程愉快!

Chief, on behalf of my manager and in my own name, I wish you a pleasant voyage!

030. 码头上有许多仓库,里面装着各种各样进出口的货物。

On the docks there are many warehouses with various import and export cargoes in them.

031. 卡车、拖车、牵引车和铲车在码头上来来往往。

Trucks, trailers, tractors and forklifts are running to-and-fro on the docks.

032. 码头旁靠着几艘外轮。

Several\oceangoing\foreign\ships are (lying) alongside the wharves.

033. 防雨篷在船艏楼左边房间。

The rain tents are in the forecastle port cabin.

034. 大副在船艉楼入口出现了。你可以向他说明你的意思。

The Chief Officer shows himself in the poop entrance. You may express yourself to him.

035. 王先生,我们将承运哪几种货物?

What kind of cargo shall we carry, Mr. Wang?

036. 你们将承运很多种货物,如花生、冬瓜、牛肉、鱿鱼和大葱等。

You'll carry a wide variety of cargoes, \such as \e. g. \groundnuts, winter melon, beef, squid and onion, etc.

037. 人们通常用袋子包装谷类,用纸盒包装罐头,用木箱装五金。

People usually pack cereals in bags, canned goods in cartons and hardware in wooden cases.

038. 昨天你们的驻船代表给我一张船图。根据船图我们将把钢条和油类装在舱底,上面放五金和谷类。

Your agent gave me a cargo plan yesterday. According to the cargo plan, we're going to stow the steel bars and oils at the bottom of the hold with the hardware and the cereals on top of them.

039. 装卸工已经上船了,让我们去看看。

The stevedores are already on board. Let's go and have a look.

040. 良好的包装在对外贸易中十分重要。

Good packing is very important in\international\foreign\trade.

041. 请等一会,让我问一下大副。

Please wait a minute. Let me ask the Chief Officer.

042. 关于淀粉,大副是怎么说的?

What did the Chief Officer say about the starch?

043. 我们通常对照进口舱单检查箱子上的运输标志。

We usually check the shipping marks on the cases against those on the import manifests.

044. 运输标志通常由四部分组成,那就是合同号、目的港、批号和箱号。

Shipping marks are generally\made up of\involve\consist of\four components, \i. e. \that is\ the contract number, the destination port, the lot number and the case number.

045. 在其他箱子上你可以发现不同的警告标志,如"小心轻放""勿摔""必须平放""勿用手钩""此边向上"。

On the other cases you can find different care marks such as " Handle with care ", " Don't drop ", " Keep flat ", " Use no hooks " and " This side up ".

046. 我不知道这些茄子的目的地。

I don't know the destination of the egg plant.

047. 码头主要由码头前沿、仓库和办公室组成。

Docks are generally made up of\wharves\aprons of docks\jetties\piers\quays\terminals\, warehouses and offices.

048. 我们的装卸工都很了解警告标志。

Our dockers know the care marks very well.

049. 将开六个舱。请做好准备。

There will be six hatches in operation. Please keep fit.

050. 你们用公制表示重量,是吗?

You use metric system for expressing weight, don' you?

051. 我对英制不熟悉,请告诉我关于其换算的一些情况好吗?

I'm not familiar with the British System. Would you please tell me something about the conversion?

052. 一英吨等于1.016公吨。但一英磅只有0.454千克。一英吨等于2 240英磅。

One long ton equals 1.016 metric tons. But one pound is only about 0.454 kilo. There are 2,240 pounds in a long ton.

053. 一英尺等于12英寸。一码等于3英尺。一英里等于1 760码。

One foot equals 12 inches. Three feet make a yard. There are 1,760 yards in a mile.

054. 你们所有舱口都有吊杆是吗?

You have derricks at all the hatches, don't you?

055. 我们码头前沿有许多龙门起重机,我们还有一些浮吊用于重件。

We have many gantry\cranes\hoists\on the wharves. We also have some floating cranes for heavy lifts.

056. 大量卡车和拖车正忙着把黄玉米从仓库运到船边。

Plenty of trucks and trailers are busy transferring the yellow maize from warehouses to the ship's side.

057. 装卸中最有用的工具是滑车、钩环和货钩。

The most useful\tools\facilities\in handing are blocks, shackles and cargo hooks.

058. 我们把络绳吊索用于袋子,帆布吊索用于包,钢丝吊索用于钢铁,托盘用于木箱和纸箱,桶钩用于桶装货。

We use rope slings for bags, canvas slings for bales, steel slings for iron, cargo trays for cases and cartons, and drum hooks for cargo in drums.

059. 码头工人通常根据货物包装形式选择工具。

The dockers usually choose their tools according to the cargo packing style.

060. 我们通常用货盘给散货做关。

We usually use cargo trays to make slings for bulk cargo.

061. 另外,工具房里还有斧子、锤子、锯、扳手和撬棒,等等。

Besides, there are also axes, hammers, saws, spanners and crowbars, etc. in the tool house.

062. 桶装货你们怎样做关?

How do you make slings for cargo in drums?

063. 请告诉水手长打开所有舱并把二、四舱吊杆摆到外档,其余的摆到里档。

Please tell the Bosun to open all the hatches, and swing the derricks of Hatch No. 2 and No. 4 to the\seaside\overside\and the rest to the\shoreside\alongside\.

064. 每个吊杆的安全工作负荷是多少?

What's the\safe working load\S. W. L\of each derrick?

065. 双杆联吊的负荷量只是 3 吨。

The lifting capacity of the derricks in union purchase is only three tons.

066. 请在二舱和四舱外档安装好绳梯,因为装卸工要下到驳船上。

Please fix up rope ladders at Hatch No. 2 and No. 4 overside, because the stevedores will go down to the\lighters\barges\.

067. 三舱左舷吊杆太低,请把它升高一点。

The port boom at Hatch No. 3 is too low. Please top it a little bit.

068. 请把舷梯降低一点。

Please lower the gangway a little bit.

069. 请把三舱吊杆移到里档,因为我们的浮吊要到外档卸重件。

Please swing the derricks at Hatch No. 3 to the shoreside because our floating crane will come alongside to unload the heavy lifts.

070. 现在我们要把外档的甜菜渣卸到驳船上。

Now we are going to unload the beet pulp pellet overside into the barges.

071. 我会告诉电工对它进行检查。

I'll tell the electricians to have a check at it.

072. 我将让水手长把滑车换成新的。

I'll get the Bosun to change the blocks for new ones.

073. 一舱左舷的吊货索和保险索用坏了，请把它们换掉。

The cargo runner and the preventer wire of Hatch No. 1 port side are worn-out. Please change them.

074. 起货机没电了。码头工人不得不待时，直到来电。

There is no power for winches. The longshoremen have to stand by until the power comes.

075. 你使电动机超负荷了吗？

Did you overload the electric motor?

076. 包装相同的商品的亏舱率平均为10%。

The rate of broken stowage on uniform packaged commodities averages ten percent.

077. 小件耐久货物可用作填隙货物来填充小缝和空位。

Small pieces of durable cargo can be used as filler cargo to fill in the interstice and void space.

078. 五舱左舷起货机出了故障，请让轮机员们尽快将它检查一下。

Hatch No. 5 port winch is out of order, please have the engineers inspect it as soon as possible.

079. 天黑了。请在各舱掌上货灯。

It's getting dark. Please fix up the cargo lights in all the holds.

080. 以前只有一艘带五层舱的船来过我港。

There was only one ship with orlop deck called at our port before.

081. 另外，船图表明二舱底舱后部要装三百吨汉堡的锡板，分成四票，它们是451、452、453和472号装货单。但根据装货清单，有五百吨汉堡锡板，我想船图一定有某些错误。

By the way, in Hatch No. 2 lower hold aft part, the plan shows 300 tons of Hamburg tin plates in four lots, they're S/O Nos. 451, 452, 453 and 472. But according to the loading list, there are 500 tons of tin plates for Hamburg. I think there must be some mistakes in the plan.

082. 其余亚丁石蜡安排在四舱底舱前部，可能船图把它漏掉了。

The rest of the Aden paraffin are arranged in Hatch No. 4 lower hold fore part. Maybe it's omitted in the plan.

083. 一舱底舱后部的过境货是去亚历山大的，二舱三层舱前部的是去安特卫普的，三舱深层舱是去鹿特丹的，四舱二层舱两翼是去马赛的，就这些。

The through cargo in Hatch No. 1 lower hold aft part is (bound) for Alexandria, No. 2 lower tweendeck fore part for Antwerp, No. 3 deep tanks for Rotterdam, and No. 4 upper tweendeck both wings for Marseilles. That's all.

084. 现在让我们核对吧，我想首先检查卸货港顺序。

Let's check it up now. I'd like to check (up) the rotation of discharging ports first.

085. 你想要一份三舱的计数单副本吗？

Would you like a carbon copy of the tally sheets for Hatch No. 3?

086. 你可以根据装货清单编一份积载图。

You can make out the stowage plan according to the loading list.

087. 为把甘草精装在阴凉处,请别把它装在四舱。

In order to put the licorice extract in cool place, please don't stow it in Hatch No. 4.

088. 船上有很多阿姆斯特丹的过境货,别把它们卸在岸上。

There are a lot of through cargoes for Amsterdam on ship. Don't discharge them ashore.

089. 请在底舱铺双层衬垫,在二层舱铺单层,并在必要处铺上席子。

Please put double dunnage in the lower holds and single in the tweendeck and lay mats where necessary.

090. 你们最好用方木垫机器箱。

You'd better use square wood to dunnage the machinery cases.

091. 请在每层桶上都放一层木板以防移动。

Please put one layer of planks on each tier of drums to prevent them from moving.

092. 生铁块不必衬垫,但装完后需在上面盖上席子和木板,我想在上面堆一些蚕豆、利马豆和豌豆。

No dunnage is needed for pig iron. But it should be covered with mats and planks on top after it is loaded. I\want\intend\to stow some broad bean, lima bean and pea on top.

093. 不同港口的货需用网隔开,同一港口的大票货用色带隔开。

The cargo for different ports must be separated with nets and the big lots for the same port must be separated with colored tapes.

094. 网和带子藏在船艏楼里,你可以向值班副要。如果不够,他会告诉我,然后我将向外轮供应公司再订购一些。

The nets and tapes are stored in the forecastle cabin. You may ask the Duty Officer for them. If not enough, he'll tell me and in my turn I'll order some more from the Ship Chandler.

095. 内理代表货主或收货人理货,但他们本身属于装卸公司。

The warehouse keepers tally cargoes in lieu of the cargo-owner or the consignee, but they themselves are attached to the stevedoring company.

096. 你可以从值班驾驶员那里取得垫舱和隔票物料。

You can get the materials for dunnaging and separation from the Duty Mate.

097. 本次航程上有许多在神户转口的货物,它们必须与神户直达货分开。

There is a lot of cargo with transhipment at Kobe on this voyage. They must be separated from \the Kobe direct cargo\the cargo direct for Kobe\.

098. 转口货不必一票一票地分开,但不同目的港的货物必须清楚地分开,否则,在卸货港会造成很多麻烦。

It's not necessary to separate the transhipment cargo lot by lot. But the cargoes for different destinations must be clearly separated, otherwise it'll\cause\make\a lot of trouble at the discharging ports.

099. 所有选港货都安排在二舱上二层舱。

All the optional cargo is arranged in Hatch No. 2 upper tweendeck chamber.

100. 另外,每票选港货都必须堆在一处,因为这样我们便可在收货人指定的任何一个港口卸下任何一票。

Furthermore, each lot of the optional cargo must be stowed in one block, because in this way we can discharge any lot at any port appointed by the consignee.

101. 新加坡货装完后,我们将开始装香港的转口货。

After the Singapore cargo is loaded, we'll start to load the cargo with transhipment at Hong Kong.

102. 你要多注意选港货,因为卸货港是未定的。

You have to pay more attention to the optional cargo. Because the discharging ports are \not fixed\uncertain\.

103. 请把垫舱物料准备好,否则今晚我们不能开工。

Please get the dunnage materials prepared, otherwise we can't work tonight.

104. 卸巴塞罗纳机器箱时请通知值班副到场。

When discharging the Barcelona machinery cases, please tell the Duty Officer to be present.

105. 大副,装冻虾仁有特殊要求吗?

Chief Officer, are there any special requirements for loading the reefer shelled shrimps?

106. 因舱容可能不够,你们须尽可能把冷藏货装得紧一些。

As the space may not be enough, you have to stow the reefer cargo as close as possible.

107. 不要把河蟹堆到舱顶,你们必须留一些空间用于冷却。

Don't stow the hairy crab up to the deckhead. You have to keep some space for cooling.

108. 你们要把冻猪肉前后堆放,不要交错。

You should stow the frozen pork pieces fore and aft, not crosswise.

109. 至于纸盒,请每五层铺一层小木棒,如果有箍脱落,请把它们重新加箍。

As for the cartons, please put one layer of egg sticks every five tiers high. And if there are any hoops missing, please rehoop them.

110. 现在舱内温度约是零下五摄氏度。

The temperature in the hold now is about five degrees below zero centigrade.

111. 两小时后我们就能达到所需温度。

We will have the required temperature in 2 hours.

112. 温度升高时,我还要继续冷却。

I'll resume cooling when the temperature is up.

113. 让我们等一下保温箱,不用等很长时间。

Let's wait for the isothermal vans. It won't take a long time to wait.

114. 让冷冻鸡蛋保持在摄氏零下 15 度即华氏 5 度。

Keep the frozen eggs at the temperature of\15 degrees below zero centigrade\minus 15 degrees centigrade\, namely 5 degrees Fahrenheit.

115. 驻船代表直到今早才把预配图交给我。

The Agent didn't give me the\pre-stowage plan\preliminary stowage plan\until this morning.

116. 我得对配载图进行检查,计算重量并调整船吃水。

I have to check up the initial plan, calculate the weight and make some adjustment to the ship's draft.

117. 过会我要给你看空箱舱单。

I'll show you a manifest of the empty vans later.

118. 所有重集装箱都在前方堆场吗？

Are all the loaded vans on the marshalling yard?

119. 码头上我们有两架装卸桥。

We have two portainers on the wharf.

120. 我们通常用集装箱卡车和底盘车而不是跨运车来把箱子运到船边。

We usually use container trucks and chassis but not straddle carrier to transfer the vans to the ship's side.

121. 一个人在船边工作, 检查外表状况, 核对箱号、封号, 另一个人在甲板上工作, 检查箱顶, 记录箱子的实际积载位置。

One works at the ship's side, examining the apparent condition and checking the container number and seal number. Another works on deck, inspecting the container's top and jotting down its actual stowage.

122. 一旦出现问题, 我们就联系有关部门解决, 否则就做出记录, 在其基础上, 你可以在场站收据上加批注。

In case there is any problem, we'll\contact\come into contact with\the parties concerned and ask them to solve it. Otherwise a record will be made out and on its basis you can put annotations on the dock receipt.

123. 请在二舱舱口位四周留两英尺宽的通道走路。

Please leave\a passage two feet wide\a two-foot-wide passage\around Hatch No. 2 hatchway for walking.

124. 现在的问题是能否用你们的重吊杆搬这两台掘土机。

Now the question is whether we can take the two excavators with your jumbo boom.

125. 虽然现在船体有点偏, 但这个舱完货前我会保持船体平衡。

Although the ship slants now, yet we can manage it upright before completion of loading in this hold.

126. 我的建议是你们应当用浮吊来搬这两台设备。

My suggestion is that you should use a floating crane to lift the two equipments.

127. 除掘土机外, 还有三台压路机要装。

Besides the excavators there are three road rollers to load.

128. 它正好在我们重吊杆的负荷以内。

It's just within the lifting capacity of our jumbo.

129. 你须提前 24 小时通知我。

You must give me a 24 hours' notice.

130. 组装起这个重吊杆需多长时间？

How long will it take to set up the jumbo?

131. 请把掘土机放在四舱甲板, 一边一个, 并把压路机装在二舱二层舱舱口位。掘土机必须绑紧并楔牢。

Please put the excavators on Hatch No. 4 deck, one on each side, and the road rollers in Hatch No. 2 tweendeck hatchway. The excavators must be tightly lashed and properly wedged.

132. 我会让装卸工照办。

I'll tell the stevedores to do it accordingly.

133. 混凝土搅拌机的积载有一些特殊要求。首先,把二层舱交错铺满两层铁棒,一定要使其平整,接着盖上一层厚铁板,这样最后你就可以把搅拌机放在上面。

There are some special requirements for the stowage of the concrete mixers. First put two tiers of steel bars\crisscross\crosswise\all over the tweendeck, be sure to make them perfectly flat and then cover them with a tier of thick steel plate. In this way you can stow the mixers on top eventually.

134. 我会通知装卸领班让工人将这些重机器箱装紧,并注意重量要均匀分布在底箱上。

I'll contact the foreman to tell the stevedores to stow the heavy machinery cases closely and note the even distribution of the weight on the bottom cases.

135. 水手们今天上午一直在修发动机。

The sailors have been repairing the engine all morning long.

136. 成组货能在你们的装卸进度表上标示出来吗?

Can the unitized cargo be identified in your diagram of loading/discharging progress?

137. 我们用看船舶吃水的方法来取得整船散木薯干的载货量。

We\get\obtain\the whole shipment of bulk dry cassava by reading the ship's draft.

138. 至于各舱散货的载货量,我们用三种方法来取得,即如果货物从驳船上来,就看驳船的吃水,从货车上来就看车皮容积,从露天堆场上来就计抓斗数。

As to the bulk cargo quantity of each hold, we obtain it in three ways, that is, if the cargo is from lighters, we read their drafts, if from wagons, we calculate their capacity, and if from open \yards\storage space\, we count grabs.

139. 船舶载重标尺是用英吨表明的吗?

Does the ship's deadweight scale show in long ton?

140. 加快货物装卸作业需考虑到装卸设备位置的适当安排。

Expediting the cargo operation will take into consideration the suitable \device\laying out \of handling equipments' position.

141. 船在港期间每天消耗 10 吨柴油 20 吨淡水。

The consumption of diesel oil per day is 10 tons and fresh water is 20 tons when ship is in port.

142. 如果想使煤平整最好申请特殊平舱。

You'd better apply for special trimming if you want to make the coal level.

143. 考虑到船舶稳定性,你们最好从左舷侧抽出 10 吨压舱水。

With\regard \respect \reference \to the stability, (Or: For stability sake, or: For stability's sake,)you'd better pump out 10 tons of ballast water from the port side.

144. 你向外代申请特殊平舱了吗?

Have you applied to the Ocean Ship Agency for the special trimming?

145. 二舱青豆不平,请告诉工人好好平整一下。

The green pea in Hatch No. 2 isn't level. Please tell your stevedores to trim it well.

146. 调度室派来了五个工班来卸二氧化钛。

The\Stevedore Office\Stevedore Department\has sent five gangs to unload the titanium dioxide.

147. 既然酒、烟和食品都是外交物资,它们就决不能与船用冷藏室的危险货物装在一起。

Since the wines, cigarettes and \ provisions \ food stuffs \ are diplomatic goods, they're by no means to be stowed together with the dangerous cargo in the domestic chamber.

148. 还有,二层舱对于象雕刻品这样的贵重物品不是一个合适的地方。

Also, the tweendeck is not a\suitable\desirable\proper\place for costly cargo like carvings.

149. 把加载货装在与二副房间隔壁的备用舱内。备用舱的钥匙在值班副手里。

Put the additional cargo in the spare cabin next to the Second Officer's room. The Duty Officer keeps the key to the spare cabin.

150. 你为这些工艺美术品安排好房间了吗?

Have you arranged any space for the arts and crafts?

151. 把你们代理人昨天提到的那些化妆品装在二舱二层舱左舷的保险房,看起来空间能够。

Put the cosmetics your agent mentioned yesterday in Hatch No. 2 tweendeck port locker. Looks like the space will be enough.

152. 理货员与收货人是在舱内进行双边理货交接的,码头掉袋已算在总数内。

Delivery and taking delivery of cargo was exercised between our tallymen and the consignees in the hold. The bags scattered on the wharf had been already included in the grand total.

153. 把残损箱子原本放在那里,因为值班副要来检验。

Leave the broken cases as they are because the Duty Officer will inspect them.

154. 装外交物资前请通知我,因为我要检查包装。

Please inform me before loading the diplomatic goods, because I'll check the packing.

155. 贵重物品太多,以至于备用舱舱容可能不够,请告诉你们的装卸工装得紧密一些。

There is so much valuable cargo that the space of the spare cabin may not be enough. Please tell the stevedores to make a close stowage.

156. 请在舱口位四角用袋子搭一条垂直通道或孔道作为通风装置,每隔六层高水平安放一层木通风筒。

Please make\a vertical\an erect\tunnel or vent with bags as a ventilator at each corner of the hatch square, and fix one layer of wooden ventilators horizontally every six tiers high.

157.

——怎样安装水平通风筒?

——放两行纵向木通风筒和两行横向木通风筒与垂直通道连接起来。

——How to fix horizontal ventilators?

——Put two lines of wooden ventilators fore and aft and the other two lines athwartship, making them joined to the vertical tunnels.

158. 告诉工人们在靠舱壁处留出 30 厘米宽的距离,在中间留一 35 厘米宽的交叉通道。

Tell the stevedores just to keep a 30-centimetre space apart from the bulkheads and leave a

35-centimetre crossway in the middle.

159. 不用担心,我们的工人对装大米很有经验。

Don't worry. Our stevedores are well experienced in loading rice.

160. 还有一件事,船舷外的甲板水排水孔和机舱水排水孔都须盖好,以防水被排到驳船上。

One more thing, all the scuppers and discharge openings overboard must be properly covered so as not to let the water be drained to the lighters.

161. 你须再订购100米通风筒,否则我们就不能做好充分的通风。

You have to order 100 metres of ventilators more; otherwise, we can't make adequate ventilation.

162. 告诉工人把船体肋骨、梯子、舱壁、柱子、地轴都用油纸封好。

Tell the stevedores to cover the frames, ladders, bulkheads, stanchions and shaft tunnel with plastic paper properly.

163. 所有铁质结构都必须盖好,以防打湿。

All the steel structures must be well covered in order to prevent sweating.

164. 一部分大蒜是从外档驳船来的,其余是从里档卡车来的。

Some garlic is from the lighters overside, the other is from the trucks wharfside.

165. 你说的对,我会负责好这事的。

You're right. I'll see to it.

166. 我想知道这200瓶水杨酸的具体位置。

I'd like to know the specific location of these 200 bottles of salicylic acid.

167. 醋酸(乙酸)有腐蚀性,请把其装在五舱甲板两边,在货物和舱口围板间留一条通道。

The acetic acid is corrosive. Please put them in both sides of No. 5 deck, leaving a passage between the hatch coaming and the cargo.

168. 你最好事先在那里划一条白线。

You'd better mark a white line there beforehand.

169. 硝酸钾是爆炸物品,运输过程中它需要全面细心的保管。

The potassium nitrate is of an explosive nature. It calls for overall and careful custody in the process of carriage.

170. 我们要把柳制品堆成二层吗?

Shall we stow the willow\goods\product\in two tiers?

171. 请掌上两盏安全灯。

Please set up two safety lamps.

172. 纺织设备可以堆几层高?

How many tiers can the textile equipments be stowed in?

173. 漂白粉遇水易爆炸,这已在危险货物清单中标明了。

The bleaching powder will easily explode when it's in contact with water. It's clearly\stated\indicated\on the dangerous cargo list.

174. 把靠外的袋子交叉堆放并把垛边码齐,这样袋子在航行中就不会倒塌。

Put the outer bags across each other and keep the outside ones straight so that the bags may not fall during the voyage.

175. 把重量轻的货件堆在里面,外面堆放重的,因为我们在下个港口要在上面装其他货物。

Block up the light packages inside and put the heavy ones outside, because we're going to load some other cargo on top at the next port.

176. 如果舱容不够,你们可以在舱口位再用一节梁位,但要留出一点小空位。

In case the space is not enough, you can use one more section in the hatchway, but leave a small margin.

177. 你们可以用整个底舱装棉布,但在此之前必须拆掉墩子。

You can stow the cotton piece goods all over the lower hold. But you have to take off the platform before that.

178. 因山羊皮有一种强烈气味,绿茶会被污染,把它们装在不同地方不更好吗?

As the goat skin gives off a strong smell, the green tea will be badly stained. Wouldn't it be better to put them in different places?

179. 在备用舱请由里往外装食品。

Please stow the edible goods\from inside out\from inside and work outwards\in the spare cabin.

180. 如果按您要求的数量装货,恐怕前后吃水差要超过 50 厘米。

If we load cargo in compliance with your figures, I'm afraid that the trim would exceed 50 centimetres.

181. 若容积不够,请告诉我余数,我将为剩余的咸鱼安排另一个舱。

If the space is not enough, please tell me the balance. I'll arrange the remaining brined fish in another hatch.

182. 把机器箱堆到舱顶很难,就安全性而言,把它们移到四舱怎么样?

It's very difficult to block the machinery cases up to the deckhead. So far as the safety is concerned, how about shifting them to Hatch No. 4.

183. 就我所知,我们浮吊臂太短,够不到船舱中心,你们船甲板很宽,尤其四舱,所以我建议你们抽进一些压舱水使船向外档倾斜一点。

So far as I know, the arm of our floating crane is too short to reach the middle of the hatch. Your ship has a wide deck, especially at Hatch No. 4. So I suggest you pump in some ballast water to make the ship listing a little bit overside.

184. 你们把大枣安排在五舱与立德粉一处,然而后者容易吸水,这会使枣受污染,使立特粉硬化。

You've arranged the largo dates in Hatch No. 5 together with the lithopone while the latter is liable to absorb moisture. This will make the largo dates tainted and the lithopone hardened.

185. 这会节省我们许多隔票费用。

This will save us a lot of separation expenses.

186. 不能再往六舱移牛皮纸了,否则将使船翘头太厉害了。

You can't shift any more kraft paper into Hatch No. 6, otherwise the ship will be\down by the stern\trim by the stern\too much.

187. 我说的你都听懂了吗?

Are you all clear about what I said?

188. 如果一舱舱容有余,你们可以移一些同港口的货物过去。

If there is any space left in Hatch No. 1, you may shift some other cargo for the same port there.

189. 根据港章,如果船舶超载或前倾是不准离港的,因此,我们只好不时地准确计算吃水以保持前后吃水平衡。

According to the Harbour Regulations, if a vessel is overloaded or\down by the head\trim by the bow\, she is not permitted to leave the port. Therefore we can't help calculating the draft accurately now and then, so as to keep the ship on an even keel.

190. 那里空间几乎满了,我们最多只能装大约 10 吨。

The space there is nearly full up. We can stow only approximately 10 tons at most.

191. 调整一下尖舱里的淡水,把淡水从首尖舱抽到尾尖舱,这样我们就不用在积载图上做修改了。

Adjust the fresh water in the peak tank. Pump the fresh water from the fore peak tank into the aft. Then we needn't make any alterations on the cargo plan.

192. 本工班结束时,你必须尽早告诉我每舱的余数。

At the close of this shift you have to tell me the balance of each hold as early as possible.

193.

——现在前后吃水怎么样?

——船舳头两英尺。

——How is the ship's draft now?

——The ship is 2 feet down by the bow.

194. 若把剩余干辣椒装在二舱,前后吃水会有何变化?

How will the draft become if the remaining dried chilies are put in Hatch No. 2?

195. 到现在为止,一切运行正常。

Up to now, everything has gone well.

196. 这是装货单,供你参考。

Here are the Shipping Orders for your\reference\comparison\.

197. 没有货物漏装,但有三票货物取消了,即 83、114 和 212 号装货单。并且有 150 件玩具退关。以上都是由于容积不够。

No cargo short shipped. But three lots are cancelled, namely S/O Nos. 83, 114 and 212. Also, there are 150 packages of toys shut out. That\is due to\rests with\the insufficiency of cubic capacity.

198. 为什么把叶粉收据放在一边?

Why put aside the Mate's Receipt for the leaf meal?

199.　他们争论商讨得很激烈,最后他们对这些批注达成了协议。

They argued and discussed heatedly. At last, they came to\an agreement\a compromise\about the remarks.

200.　因舱容不够,109 号装货单 10 箱河虾退关。

Ten cases of shrimp of S/O. No. 109 are shut out because of the insufficiency of space.

201.　原始积载图和驳船载货清单在事务长那儿,过后我会给你。

The original stowage plan and the boat notes are\kept by\in the possession of\the Purser. I'll give you afterwards.

202.　请在我们的船离开之前及时归还货损货差清单。

Please return the exception list in due course before our ship's departure.

203.　调度室主任想再要一套进口舱单,你有备用的吗?

The chief of the stevedore office would like to have one more set of import manifest. Do you have any spare ones?

204.　装货港工人干活很令人满意。

All the work done by the loading port stevedores was quite satisfactory.

205.　每个舱的鱼粉全部卸完后要把舱底的油纸卷起来。

Wind up the polythene papers on the bottom after all fish meal is discharged in each hold.

206.　如果你疏忽大意漏掉一勾,理货数字就不正确了。

If you miss out one sling inadvertently, the tally figure will be inaccurate.

207.　我想再强调一下,记数单上不能删除铁板的重量,否则同尺寸不同重量的铁板就会混淆。

I'd like to emphasize it again. Weights of the steel plates should not be struck out in the tally sheets. Otherwise there will be a confusion of the steel plates of the same measurements but not the same weights.

208.　SMP 是 South Ampton 的缩写,由于空间太挤我把这块内容放在了图下面。

"SMP" is the abbreviation of "South Ampton". My putting the mass in the underside of the plan is attributable to the congestion of the space.

209.　我们航行中的天气很坏,波涛怒吼,甚至都掠过了甲板,船摇摆颠簸了两天。

The weather on our voyage was very bad. The heavy seas were roaring and so far as to swept across the deck. The vessel was rolling and pitching for two days.

210.　风暴对货物没造成多大损害,因为它们装得很好,绑得很牢固。

The storm\resulted in\did\little damage to the cargo because they were well stowed and securely lashed.

211.　货件在暴风雨中倒塌,互相挤压。

The packages collapsed and crushed one another during the storm.

212.　举例说:操作不慎,包装缺陷,衬垫不当,积载不良都可能造成货物残损。

Damage to cargo may arise from, for example, careless handling, insufficient packing, improper dunnaging and bad stowage.

213. 你们可以把轻微残损卷筒纸卸上岸,之后我会在记录上签字。但若发现严重残损,必须通知我。

You can discharge the paper in reel with slight damage ashore. I'll sign the record afterwards. But in the event of finding any with serious damage, you have to keep me informed.

214. 务必把原残和工残分清。

Be sure to make a clear distinction between the damage originally existing and that caused by the stevedores here.

215. 你们航程中的天气怎么样?

What was the weather like on your voyage?

216. 在南中国海,船遇到了特大台风。

The ship met with a disastrous typhoon in the South China Sea.

217. 玻璃系列制品残损归于装货港工人操作不当。

Damage to the glassware etc. is due to stevedores' careless handling at the loading port.

218. 这些桶很脏,并且标志极不清楚。大副从驳船装货清单上查了一下这些桶,它们属于 37 号提单。

These drums are very dirty and the marks are rather indistinct. The Chief Officer has traced these drums from the boat notes. They belong to B/L No. 37.

219. 硫磺和松香容易着火,所以我们将把它们直接卸到货车上。

Sulphur and resin are very easy to catch fire. So we'll discharge them \ direct \ directly \ into trucks.

220. 糠醛、汽油和乙炔是易燃物,溴是腐蚀性货物,滴滴涕原粉是一种剧毒货物,你们一定要采取安全措施卸它们。

Furfural, gasoline and acetylene are inflammable cargoes, bromine is of a corrosive nature, and DDT technical powder is a strongly poisonous cargo. You have to take safety measures to discharge them.

221. 港章规定绝对禁止在仓库和库场内存放汽油。

According to the Port Regulations, it's absolutely \ forbidden \ prohibited \ to keep the gasoline in the godowns and on the wharf yards.

222. 下午我们要卸集装箱,给我有关单证好吗?

We're going to discharge containers this afternoon. Will you please let me have all the relevant papers?

223. 卸冷冻集装箱前不要忘记切断电源。

Don't forget to cut off the electricity supply before discharging the reefer container.

224. 我会告诉装卸工注意黑陶的易碎性。

I'll tell the stevedores to \ attend to \ pay attention to \ the fragility of black pottery.

225. 我正在检查卸货顺序。

I'm checking the discharging \ sequence \ rotation \ procedure \.

226. 我们装卸桥的效率是每小时 20 个箱。

The efficiency of our portainer is 20 vans per hour.

227. 根据贝位图,17 号位应有 15 个上海的箱子。

In accordance with the bay plan, there should be 15 Shanghai vans in Bay No. 17.

228. 我们发现一个箱号为 SCXU693891 的集装箱不在集装箱清单内。

We found a van(with the number)of SCXU693891 beyond the container list.

229. 切断供气不是我的职责范围,请与值班副联系。

Cutting off the gas supply is \ beyond my power \ not my business \ out of my duty \. Please contact the Duty officer.

230. 直到下午很晚电工才开始修起货机。

It's not till late afternoon that the electrician began to repair the winch.

231. 很显然有一个箱子在科伦坡港错卸了。

Obviously there was one van mislanded at Colombo.

232. 一般说来,我们每一个工组每一班能卸 1 000 吨。

Generally speaking, we can discharge 1,000 tons each gang per shift.

233. 照此速度,你们能在三天内干完。

At such a speed, you can finish the work within three days.

234. 再者,不要撞击舱口围板。

What's more, don't bang against the hatch coaming.

235. 能借一下你船的载重标尺用一下吗?

Would you mind lending me the\draft scale\deadweight scale\of your ship?

236. 船舶靠泊时,我们在小麦里发现了虫子,并让舵工将船移靠浮筒熏了一下。

We\found\discovered\insects in the wheat when the ship was at the buoys, and let the quartermaster shift the ship to the buoys for fumigation.

237. 简言之,大部分木薯粉将卸到驳船,其余卸到仓库。

In short, most of the\cassava\cassawa\powder is to be discharged to lighters and the rest to godowns.

238. 货物和船体都没有受到损害。

Neither the cargo nor the vessel is\imperiled\imperilled\impaired\.

239. 谷物吸扬机到来之前我们就已申请熏舱了。

We had applied for fumigating holds before the grain sucker came.

240. 由于舱内管道漏缝大量卫生纸被污染了。

A considerable amount of toilet paper was tainted owing to the leakage of the pipes in the holds.

241. 告诉工人一步一步地移动操纵杆。

Please tell the dockers to move the controller handles step by step.

242. 如果我们没加什么的话,根据载重标尺你们到现在已装了 20 000 吨,但实际上我们已向燃料舱加了 400 吨燃油,所以到此为止实际装的货物量应为 20 000 减 400 吨。

If we haven't bunkered anything, you have loaded 20,000 tons on the basis of the deadweight scale. But in practice we have replenished 400 ton of fuel oil to the bunker, so the amount actually loaded so far should be 20,000 less 400 tons.

243. 如果有湿损或破损的袋子，把它们放在舱内一旁，先让我检查一下，再卸到岸上。

If there are any wet or torn bags, put them aside in the holds. Let me examine first and then discharge them ashore.

244. 化肥袋排列整齐，内货完整。

Fertilizer bags are in good order and the contents are intact.

245. 舱单上注明的这些备用袋在什么地方？过会指给我看好吗？

Where are the spare bags as stated in the manifest? Will you please show me later?

246. 你们的装卸工先卸了羊角桩底下的袋子，而不是先卸上面的，所以这些袋子被羊角桩刺穿了。

Your stevedores discharged the bags below the cleats first instead of those over. So these bags are pierced by the cleats.

247. 我们已经派了一个工组来卸精密仪器。

We've arranged for one gang to unload the precision apparatus.

248. 英使馆家具连同展览品一行行一层层整齐地装在二舱二层舱两翼。

The furniture for the British Embassy, together with the exhibition goods, is stowed in Hatch No. 2 tweendeck both wings in neat and uniform rows and tiers.

249. 重吊杆已经坏了很长时间了，安全起见，你们最好用浮吊。

The jumbo has been out of use for a long time. You'd better use a floating crane for safety's sake.

250. 我房间里有两件波兰领事馆的行李。

In my cabin there are two pieces of luggage for the Polish Consulate.

251. 我们在装货港一件件地检查使馆物资，希望你们也这样检查。

We checked the embassy goods package by package in the loading port. You'd better check them in the same way.

252. 我在保险房发现 5 件坦桑尼亚精密仪器但提单上说有 6 件。

I found five packages of Tanzania precision apparatus in the locker but the bill of lading\says\indicates\six.

253. 机车、农用工具、锅炉、发电机和流动式起重机都是裸装的。

Locomotives, agricultural tools, boilers, generators and mobile cranes are\naked\unpacked\.

254. 理货长，卸毛毯时我必须在场，请事先通知我。

Chief Tally, I must be on the spot when you are discharging the carpet. Please inform me beforehand.

255. 你们可用单杆双索卸五吨以下的重件。

You can use a single derrick with double wires to discharge the heavy lifts below five tons.

256. 我的意思是让船仅仅倾侧一点，这便于操作过程中吊杆的摆动。

I mean to keep the ship only a little bit listing. It can\facilitate\convenience\the swing of the boom during operation.

257. 我们将派三个工组，即一、三、五舱。

We'll assign three gangs, i. e. Hatch Nos. 1,3,5.

258.

——你认为下午流动式起重机能来吗?

——这要看你什么时候申请的。

——Do you think the mobile crane will be available this afternoon?

——It\depends\is dependent on\when you apply for it.

259. 我被通知把我的船开到锚地等候空泊位。

I'm informed to shift my ship to the anchorage and wait for a free berth.

260. 你把吊杆降低一点好吗? 这样便于前部货物的积载。

Will you lower the boom a little bit? This will facilitate the stowage of fore part cargo.

261.

——水位随潮汐而变,你预计能在下次退潮前装完吗?

——我说不准,因为我不知道潮汐时间。

——The\water level\water\varies with the tide. Do you estimate that loading can be accomplished before the coming ebb tide?

——I can't tell,for I am unknown of the tide table.

262. 停工是由起吊大梁造成的。

The stoppage is\due to\caused by\the heaving up of hatch beams.

263. 请把绳梯装备起来。

Please fix up the rope ladders.

264. 请提前卸掉捆绑,防雨篷一搭好装卸工就继续工作。

Please take off the lashings beforehand. The stevedores will\go on with\resume\their work as soon as the rain tents are fixed up.

265. 这吊货索十分之三的钢丝断了,为了安全,我建议换掉它。

The cargo runner has three tenths broken wires. I suggest you replace it for safety.

266. 这个单吊杆齿轮结合严密。

This single derrick has a married gear.

267. 现在下雨,晚上可能转晴。

It's raining now. It will probably clear up this evening.

268. 现在他们正在搭梁。

At present they are putting on the beams.

269. "作业时间、杂项作业(额外作业)、其他服务签证记录"是从调度室来的。

"Working Time,Extra Labour and Hiring Record" are from the\stevedore office\dispatcher's office\.

270. 根据进口舱单,里面的货物是尼龙线。

The contents inside is nylon yarn as per the import manifest.

271. 昨晚因为下起了大雨,我们停止了卸聚氯乙烯。

We stopped discharging polyvinyl chloride,because it rained cats and dogs last night.

272. 用不同颜色标识的目的地一目了然。

The destinations marked in different colors can be noted at a glance.

273. 工人每关做多少袋?

How many bags do the stevedores make per sling?

274. 大副不在船上。我将代表他在记录上签字。

Chief Officer isn't on board. I'm going to sign the record on his behalf. (Or: I'm going to represent him to sign the record.)

275. 我要就捆绑的事与大副联系。

I'll keep in contact with the Chief Officer about the lashing.

276. 我们所有出口货物在装船前都是经过严格检验的,如果达不到标准,货物不允许出口。

All of our export cargo is thoroughly examined before shipment. If not up to the standard, the cargo is not allowed to export.

277. 装货过程中我们会挑出关内残损货,如果有的话。

We'll pick out the damaged cargo in the slings during loading, provided there is any.

278. 货物不经货主、海关人员、仓库员和理货员这四方面检查是不准装船的。

The cargo is not allowed to ship on board without passing four parties, namely, the shipper, the customs officer, the warehouse keeper and the tallyman.

279. 你认为什么时候交来大副收据让你签字合适?

When do you think it convenient to hand in the Mate's Receipts for your signature?

280. 我要分批签收据,我将一天签两次,上午一次,下午一次。这样吧,让我们把它定在上午10点左右和下午4点左右。

I'll sign the Mate's Receipts in batches. I'll sign twice a day, once in the morning and once in the afternoon. Thus, let's \make\finalize\it round about 10 a. m. and 4 p. m.

281. 残损货不经修补或替换不准出口。

The damaged cargo is not allowed to export without being repaired or replaced.

282. 二舱氟石的特殊平舱达到了我们的要求。

The special trimming for the fluorspar in Hatch No. 2 is up to our\requirements\demands\.

283. 注意蜂蜡上的标志,挑出错误和不清楚的。

Pay attention to the marks of the bee wax and pick out the wrong or indistinct ones.

284. 当然,船在开航前必须通过联合检查。

Undoubtedly, the ship has to pass joint\inspection\survey\before sailing.

285. 我们通常每条作业线安排一名理货员,其职责是检查数字、分标志、监督积载和检查任何可能的残损。

We usually arrange one tallyman for each gang. His \ duty \ task \ is to check figures, sort marks, supervise the stowage and inspect any possible damage.

286. 电报配载图没有给出细节。我正在做配载草图呢。

The telegraphic plan doesn't give \ full \ thorough \ particulars. I'm making the draft cargo plan now.

287.

——你能帮我翻译一下吗?

——调度的意思是,现在大多数重吊杆都在使用,门机很缺,与四舱相比三舱被认为是装卸时间较长的舱(重点舱),该把门机放在靠近三舱的适当位置。

——Can you interpret it for me?

——The operator\implies\speaks to the effect\that most of the heavy derricks are in use now. There is lack of jumbo booms. Compared with No. 4 hatch, Hatch No. 3 is known as the\long hatch\key hold\. We ought to locate the jumbo boom in position near Hatch No. 3.

288. 坦率地讲,本航次货物有些复杂。

Frankly speaking, the cargo is somewhat complicated on this voyage.

289. 时间就是金钱。请最大程度地利用你们的人力、物力,缩短船舶在港停时,否则我们的船将会滞期很多天。

Time is money. Please make maximum use of your\manpower\labour power\and material resources to shorten ship's time in port. Otherwise our ship will be\delayed\protracted\too many days. (Or: Otherwise the demurrage will be too many days.)

290. 除了配载草图,一切都为装货准备好了。

Except for the\tentative\sketch\initial\draft\rough\cargo plan everything is ready for loading.

291. 我建议你先制一个临时配载图让我们开工,然后你就有充分的时间做正式的,你看如何?

I suggest you first make a temporary cargo plan for us to start working, and then you will have sufficient time to make out the formal one. What do you think of that?

292. 航海通告已收到,船最快能于 22 日凌晨 3 时抵达青岛。

Notice to mariners has been received. The best the vessel can do is to arrive in Tsingtao at three on the morning of the 22nd.

293. 请再给我一张草图。

Please\give me\let me have\one more copy of the sketch plan.

294. 这张船图做得不好。

The cargo plan is not\well\appropriately\done.

295. 暂时没事。有问题我会来找你的。

That's all for the time being. If there is any problem, I'll come to you.

296. 下一班装货将鼓足干劲。

The loading will go on in full swing next shift.

297. 从某种程度上看,所有舱都适合装芦笋。

In some degree, all the hatches are suitable for loading asparagus.

298. 我的中文配载图只表明粗略的配载情况,我想对照原始配载图把它检查一下以防止某些可能的错误。

My tentative cargo plan in Chinese simply shows rough stowage. I'd like to check it with the original one to avoid any possible mistakes.

299. 出于安全考虑,我改变了主意,把手表和照相器材装在我的房间里,而没有装在船尾楼里。

Considering the safety, I changed my mind to put the watches and the camera materials in my cabin instead of in the poop cabin.

300. 你要原始配载图干什么?

What do you want the original tentative plan for?

301. 187 号装货单的大闸阀被漏掉了,208 号装货单生漆的位置还没定下来。

The valves under S/O No. 187 were omitted. The location of the raw lacquer under S/O No. 208 hasn't been decided yet.

302. 松节油有强烈的气味,萝卜干会被污染。

The turpentine has strong odours; the dried turnips will be tainted.

303. 你知道粮食的自然特性,它是易自热物质。我们必须保证它在舱内有充分的空气环流。

You know grain's nature. It's liable to spontaneous heated. We must ensure it adequate air circulation in the hold.

304. A 泊在高潮时水深 17 米,低潮时水深 10 米。

It's 17 metres deep in high tide and 10 metres in low tide at berth A.

305. 我再检查一遍。我犯了一个愚蠢的错误。谢谢你及时提醒我纠正它。

Let me recheck it. I committed a silly mistake. Thank you for reminding me to correct it in time.

306.

——请写下对文具衬垫和隔票的要求。

——好的,我将把它们写在备注栏下。

——Please write down the requirements for separation and dunnaging to the stationery.

——All right. I'll put them down\under\beneath\the remarks column.

307. 不算散装粗石蜡,三舱安排的货物总重量是 1 500 吨。

Excluding the bulk paraffin wax, the total cargo weight arranged in Hatch No. 3 is 1,500 tons.

308. 大副正忙着制积载图,你最好过会儿再跟他谈。

The Chief Officer is occupied in making the stowage plan. You'd better talk to him later.

309.

——请完整地拼一下单词"X-线胶片"好吗?

——大写的"X",连字符,小写的"ray",空格,小写的"film"。另外别忘了在它下面划一条线作为特殊货的标记。

——Would you please spell the word "X-ray film" in full?

——Capitalized "X", hyphen, \ minuscule \ miniscule \ "ray", blank space and miniscule "film". One thing more, don't forget to underline it as the notation of special cargo.

310. 理货间太热了,我们都出了一身汗,请让水手长去拿一台电扇来。

The tally room is very stuffy. We're all of a sweat. Please tell the Bosun to fetch an electric fan for us.

311. 有几票异味货物待装,请在配载图上写出来。

There are several lots of smelling cargo to load. Please note them down in the cargo plan.

312. 这条输送带是专门用来输送木片的。

This \transmission belt\conveyor\conveyer\is specially used to transmit wood\scraps\chips\.

313. 请告诉理货员严格按照给定的各个数字装货。

Please tell the tally clerks to load the cargo strictly according to the given respective figures.

314. 如果二舱二层舱的名古屋货上部空间有剩余,你最好移一些刺绣品填满它。

If there is any space left on top of the Nagoya cargo in Hatch No. 2 tweendeck, you'd better shift some embroidery to fill it up.

315. 在三舱二层舱后部,请用二节梁子装横滨的桐油,如果舱容不够,你们可以左右延伸一节梁位。

In Hatch No. 3 tweendeck aft part, please use two sections to load Yokohama tung oil. If the space is not enough, you can extend one section in the both wings.

316. 骨粉和薄荷油应紧靠三舱二层舱前壁装。

Bones meal and menthol oil should be stowed against the fore bulkhead of Hatch No. 3 tweendeck.

317. 用这些袋子的一小部分在船中线处造一堵墙,留其余的用来稳定散装黄豆。

Use a small part of the bags to make a wall in the place of centerline and leave the rest to stabilize the bulk \soyabeans\soyas\soys\.

318. 两个深舱的高锰酸钾要保持平衡,而且也要进行特殊平舱。

Keep the potassium permanganate in balance between the two deep tanks, and make a special trimming, too.

319. 请做出快速决定,因为危险货不允许长时间放在码头上。

Please make a\quick\prompt\rapid\immediate\decision because the hazardous cargo is not allowed to keep long on the wharf side.

320. 鉴于牙膏包装的脆弱性,把它装在底部毕竟不是长久之计。你可以把它装在一舱后部,把那里的榨菜移到四舱。

In view of the weakness of the packing of the toothpaste, it's not a permanent plan to stow it in the bottom after all. You can put it in Hatch No. 1 aft part and shift the preserved vegetables there to Hatch No. 4.

321. 我们总是采取必要措施保证我们工人的安全,装危险货物时他们必须穿戴劳动防护用具如面具、手套,安全第一,你知道。

We always take necessary measures to ensure the safety of our stevedores. When loading dangerous cargo they have to wear labour protective appliance, such as masks and gloves. Safety first, you know.

322. 水泥和糖决不能装在同一个舱,因为其性质互抵。

Cement and sugar are by no means to be kept together in the same hold, for they are counteractive in nature.

323. 现装和现提都是直取作业的形式。

Alongside uninterrupted loading and shipside delivery are both of the forms of direct transshipment.

324. 保持铁页在舱内平衡,否则船要倾侧的。

Keep the steel sheets in balance in the hold. Otherwise the ship will be listing.

325. 每层桶必须盖上大量板子以便使得重量平均开来。

Each tier of the drums must be covered with plenty of boards in order to obtain even distribution of the weight.

326. 我估计亏舱是 3 500 立方英尺,即我给了 35% 的亏舱率,所以你们共有 13 500 立方英尺,何以会出现舱容不够呢?

I estimate the broken space at 3,500 cubic feet, that's to say I put the rate of the \broken space\broken stowage\breakage\ at 35 percent. Hence, you have 13,500 cubic feet in all. How come the space is not enough?

327. 或许你算错了。

Maybe you are\out\wrong\in your calculations. (Or:Perhaps you have made some\mistakes\ negligences\in your calculations.)

328. 试一试吧,到处都能挤出空间,否则,将不可避免地把一些棉衬衫料子退关了。

Have a try, please. Space is tight everywhere. Otherwise it is unavoidable to shut out some cotton shirting.

329. 请告诉装卸指导员对卡拉奇瓷器的一部分进行翻舱,我估计里面仍有一些空间。

Please tell the Foreman to restow part of the Karachi\porcelain ware\enamel ware\earth ware\ chinaware\pottery ware\. I\suppose\conjecture\there is still some room inside.

330. 计划装在四舱底舱的哥本哈根的树胶脂还没来,但计划装在二层舱的奥斯陆的小地毯已到了,那么我们能否把小地毯与树胶脂的位置调换一下?

The Copenhagen gum rosin which is to be loaded in Hatch No. 4 lower hold hasn't arrived yet. But the Oslo rig which is to be loaded in the tweendeck has already arrived. So can we change the location for the rig with that for the gum rosin?

331. 我们将要装的哥德堡的鸭毛被驳船上来的不来梅的焊条压在了下面。

The Gothenburg duck feathers we're going to load are stowed under Bremen\electrode\solder wire\which is from the lighters.

332. 我有急事,请一定帮我叫一下大副,告诉他有 50 箱生啤酒是退关货,不能装上船的。

There is an urgent matter. Be sure to call the Chief for me and tell him there are 50 cases of\ draught beer\beer on draught\which is cancellation cargo not to be shipped on board.

333. 因起货机出故障四舱装货停止了。

Loading at Hatch No. 4 stopped owing to the breakdown of the winch.

334. 一舱二层舱的空间是为赫尔辛基港和格拉斯哥港保留的。

The space in Hatch No. 1 tweendeck is reserved for Helsinki and Glasgow.

335. 船稍微有点前倾,你可以抽一些水或油来调整吃水。

The ship is tipping forward a little bit. You can pump some water or oil to adjust the draft.

336. 这些磨损袋都是二手袋,这都在装货单上表明了,至于这些破袋,我将告诉发货人将他们缝好。

The worn-out bags are all second-hand bags as stated in the S/O. As to the torn bags, I'll tell the Shipper to resew them up.

337. 如果你发现包装不良,我们将把它们修复或替换。

If you find anything wrong with the packing, we'll have them reconditioned or replaced.

338. 四舱四层舱舱口位有过境货挡路。

The through cargo in No. 4 lower tweendeck hatchway stands in the way.

339. 上二层舱舱口位只被占据了一半,你还可利用另一部分的空位来装二层舱的货。

The upper tweendeck hatchway is only half occupied; you can still use the opening of the other part to put the cargo in the tweendeck.

340. 如果吊钩碰到梁上就会发生严重事故。

If the sling bumps against the beam, \grave\serious\accident may follow.

341. 如果把雅典的纤维板装在五舱的前部,那么怎样安排原定装在那里的缝纫机呢?

If put the Athens fibreboard in Hatch No. 5 fore part, then how do you dispose of the sewing machines which were to be stowed there?

342. 根据配载图,我们应先装达累斯萨拉姆的浴巾,但现在八幡的青岛贝雕已错装到了那里。你能在配载图上改动一下吗?(或:你能重新把它们安排一下吗?)

According to the tentative cargo plan, we should first load the Dar es Salaam bath towel. But now the Qingdao shell carving for \Yawata\Yahata\has been misloaded there. Can you make a change in the tentative plan? (Or: Can you rearrange them?)

343. 请把三舱舱口位的无焊缝钢管暂时卸下一部分,以便工人们利用空位来装底舱。

Please unload a part of the weldless steel tubes in Hatch No. 3 hatchway for the present so as to the stevedores can use the opening to fill in the lower hold.

344. 这些破袋是工人挑出来的,我们会通知发货人把他们换成新的。

These torn bags are picked out by the dockers. We will inform the Shipper to replace them by new ones.

345.
——装货是什么时间完成的? 我要把它记入航海日志。
——装货是在 00:30 分完成的。
——When was the loading \completed\over\accomplished\ended\?
——The loading was completed at 00:30 hours.

346. 这是货物的实际积载图,请签字。

This is the stowage plan for the cargo actually loaded. Please sign it.

347. 发货人跟大副正在调度室谈论蓖麻籽袋子破损的事。

The Shipper and the Chief Officer are discussing the torn bags of castor seeds at the Dispatch Office.

348. 葡萄酒限定只能从甲板堆到离舱顶 12 英尺以内。

Port wine can only be stowed restriction-wise from the deck to within 12 inches of the overhead.

349. 这个箱子是错港货。贴目的港标志的地方被磨损了。

The case is overcarried cargo. The\division\segment\portion\where the port mark is posted is scraped.

350. 请详细告诉我关于货物状况的一些情况好吗？

Would you please tell me something about the cargo condition in detail?

351. 这艘船装配了麦氏舱盖，换句话说，装配了自动舱盖。

The ship is \ equipped \ furnished \ with MacGregor, in other words, with automatic hatch covers.

352. 在安特卫普，所有铜条都是用载货卡车运送的。

In Anterwerp, all the copper bars were brought alongside by lorries.

353. 檀香木之间没有隔票，由于它们长度不同，所以你可以轻易把它们分开。

There isn't any separation between the sandalwood. You can distinguish them easily as they are all in different length.

354. 无缝钢管和不锈钢条按不同票被涂成不同颜色。

The seamless steel tubes and the stainless steel bars are painted in different colours by lots.

355. 虽然科学仪器包装一样，但在标志上各票是不同的。

Although the packing of the scientific instrument is of the same, yet the lots are different in marks.

356. 你可以向大副询问关于分歧和批注的事。

You can inquire of the Chief Officer about the\discrepancies\disputes\and remarks.

357. 如果合成纤维混票，我会为你签字证明。

If the different lots of synthetic fibre are mixed up, I'll sign for you to certify it.

358. 为了安全，还是由你们的人来开油舱盖好。

For safety's sake, it's preferable for your men to take off the oil tank lids.

359. 装卸工只卸中间的袋子，留着两边的不动，这样卸货是不安全的。

The stevedores are discharging the bales only in the middle, leaving those in both wings untouched. It's not safe to unload in this way.

360. 他们一卸完中间的整票纸浆，就会从两边卸的。

As soon as they finish the whole lot of pulp in the middle, they'll discharge them from both wings.

361. 装卸工从高处向舱里抛袋子，这使得大量袋子松口。

The stevedores\tossed\threw\the bags from high place into the hold. That brought on a lot of bags with seams slack.

362. 昨天我向装卸工指出拽吊索不要太猛，但他们不听，今天他们拽得更厉害了。

Yesterday I pointed it out to the stevedores that they\dragged\towed\pulled along\the slings too roughly. But they didn't listen to me. Today they drag the slings even more violently.

363. 装卸工听不懂你的话，情有可原。

The stevedores are justifiable for they are unable to catch what you say.

364. 现在，一方面请你立即打开电源，另一方面我将告诉装卸工注意他们的操作。

Now, on the one hand, please turn on the power(supply) at once, on the other hand, I'll tell the stevedores to pay attention to their handling.

365. 装卸队长已经看过了舱边的磨损。

The Chief Foreman has looked over the chafing on the edge of the hatch coaming.

366. 当货物从舱两头吊起时,吊货索偶然地磨擦舱边是难免的。

When the cargo is\taken\hoisted\out from the two ends of the holds, it's unavoidable that the cargo runner will by accident rub against the edge of the hatch coaming.

367. 从现在起请不要随意断电,你知道,中断会降低卸货速度,这对船方和港方都不利。

Please don't cut off the power supply\at will\willfully\arbitrarily\from now on. As you know, the interruption will surely slow down the speed of discharging. It's unfavorable to both the ship and the port.

368. 请告诉工人从现在起平稳操作。

Please tell the dockers to handle smoothly\hereafter\thereafter\.

369. 如果理货员待时由船方引起,将由分公司做出记录并及时让船方签字。

If tallymen's stand-by is caused by the vessel, a record shall be made out by the Branch Company and be duly signed by the vessel.

370. 没必要把工人从一舱转到三舱,因为你们的电工说只需约半个小时就能修好起货机。

There is no need of shifting the stevedores to Hatch No. 3 from Hatch No. 1. Because your electrician said it would take only half an hour to finish the repairing of the winch.

371. 一舱起货机正在修理当中。

Hatch No. 1 winch is under repair.

372. 请快点修理。越快越好。

Please speed up the repairing. The sooner the better.

373. 我公司业务章程规定,理货长主管整个船的理货工作,而理货员主管各自的舱口。

It's stipulated in the Business Regulations of our Company that the Chief Tally is in charge of the tallying work of the whole vessel, while the tallymen take charge of their respective hatches.

374. 把所有的破袋集中起来,最后一同出舱,这有助于数字清楚。

Make a\concentration\gathering\of all the torn bags and do the outgoings\totally\together\at last. This will help to the clarity of the figures.

375. 从星期一以来二舱的小牛肉已卸了五个班,现在剩下不多了。

Since Monday, Hatch No. 2 veal has been discharged for five shifts. Now there is little left.

376. 根据租船条款,中租对衬垫费负责。油纸在巴生港太贵了,所以为了中租的利益,我只买了十卷。

According to the terms of the Charter-party, \Zhongzu\the China National Chartering Corporation\ is responsible for the cost of the dunnage. Polythene paper is too expensive in Port Kelang. Therefore I bought only 10 rolls in the interests of Zhongzu.

377. 所有橡胶应按等级分隔而不是按标志。

All the rubber is to be separated only by grades\regardless of\dispense with\the marks.

378. 在舱里对滑石粉进行分标志将花相当多的时间,最好的办法是在岸上进行分标志。

It'll take considerable time to sort out the marks of talc powder in the holds. The best way is to

sort them out ashore.

379. 铝锭原先是打成捆的,为了装更多货我们给它散了捆。我们得充分考虑租船人的利益。

The aluminum ingots are originally packed in bundles. We off-bundled them only for taking more cargo. We should take the charterer's benefit into full consideration. (Or:We should be fully considerate of the charterer's benefit.)

380. 同票的每捆数量都是一定的。

The quantity of each bundle is fixed for the same lot.

381. 供货商发电报给买方代理人说由于"大和丸"号轮船的船机故障船不能于原定日期到达。

The supplier cabled his buyer's agent that the S. S. "DAIWA MARU" would not arrive on the original date for the engine failure.

382. 你认识的那位理货长已调到外轮代理公司了。

The Chief Checker whom you are acquainted with has been transferred to PENAVICO.

383. 多少件是一捆?

How many pieces make a bundle?

384. 二舱3号和5号提单的乙烯醇缩树脂混装了,请你去验看一下。

Hatch No. 2 polyvinyl acetal resin under Bill of Lading No. 3 and 5 are mixed up. Please go to have a look at them.

385. 麻烦的是只有铝捆上有漆,铝块上没有漆。所以我们很难取得不同票的准确数字。

The trouble is the paints are only on the bundles of aluminum ingots but not on each piece. So we can hardly get the accurate figures for different lots.

386. 根据港章,如果货物标志不清就不能出口。

In terms of the Port Regulations, if the cargo marks are illegible, the cargo can't be allowed to export.

387. 我不知道太子港发生了什么事,我只是说明了船上货物现在的状态。

I'm not fully aware of what happened at the Port-Au-Prince. I merely mean the present state of the cargo on board.

388. 装卸过程中可能出现工残,这是常识。

Stevedores' damage may arise in the progress of loading and discharging. That's common sense.

389. 五舱有一些带干水渍的胡椒袋,暂时把它们放在那儿。

There are some bags of pepper with dry water stains in Hatch No. 5. Please put them aside for the time being.

390. 这个钥匙打不开这个锁。

The key doesn't fit the lock.

391. 铬块短捆溢支。

The chrome ingots are shortlanded in bundles and overlanded in pieces.

392. 你的句子冗长且意义含糊！

Your sentence is too lengthy with ambiguity!

393. 此次航程上共有三个港口,始发港是奥克兰,中途港是三宝垅,终点港是蛇口。

In all there are three ports on this voyage. The first port of departure is Auckland. The port of call is Semarong and the terminal port is Shekou.

394. 所谓个别装卸工故意破坏纸箱,这纯属捏造。

It's purely a fiction that individual dockers intentionally injure the cartons.

395. 我承认当时我在场,但我告诉装卸工把它们换成新的,并且在我下班之前他们就已经换掉了这些破袋。

I acknowledge that I was on the spot then. But I told the stevedores to replace them by new ones, and before I was off duty they had replaced the torn bags already.

396. 如果这样我将不加批注签证。

If so, I'll sign the papers without putting any remarks.

397. 看,这一关仅有 19 袋,为什么这关少了一袋,请你问一下信号员好吗?

Look, this sling contains only 19 bags. Why is this sling short of one bag? Can you ask the signalman about it?

398. 在吊钩上升过程中,一袋子掉了,我们会在下一关补上。

One bag falls while the sling is going up. We'll make up for it in the next sling.

399. 眼见为实,这事你弄确定了吗?

Seeing is believing. Have you made it certain?

400. 我们只理件数,而不管单件的重量,所以你最好把批注改为"对重量不负责任"。

We only tally the packages but ignore the weight of each package. So you'd better change the remark to "not responsible for the weight".

401. 所有关都是这种形式。

That's the form of all the slings.

402. 五袋椰仁干泡了,因为它们堆在船舭附近。

Five bags of copra are soaked because they were stacked near the bilge.

403. 我们下班了,让我们对数吧。

We're off shift now. Let's check up the figures.

404. 内货从勾里正往下撒落,里面肯定有破袋。

The contents are dropping from the sling. There must be some torn bags inside.

405. 两个袋子皮破且内货外漏,三袋口松。请记下来。

Two bags cover torn and contents exposed, and three bags seams slack. Please write it down.

406.

——工人什么时候吃饭?

——从 11:00 到 11:40。

——What's the stevedores' meal time?

——From eleven hours to eleven forty hours.

407.

——这个班什么时候结束?

——下午 3 点。

——When will this shift end?

——At 3 p. m.

408. 他们分三班昼夜轮流工作,白班从 7:00 到 15:00,中班从 15:00 到 23:00,夜班从 23:00 到 7:00。

They work round the clock in rotation in three shifts. The day shift works from 7:00 to 15:00, the swing shift from 15:00 to 23:00, and the night shift from 23:00 to 7:00.

409. 务必记下每一关,否则你的总数将与我的总数对不起来。

Be sure to record every sling. Otherwise your\sum\total amount\won't be equal to mine.

410. 中班何时开始何时结束?

What times does the swing shift begin and end?

411. 据史密斯先生称,王先生是个有能力的理货员。

According to Mr. Smith, Mr. Wang is a competent tallyman.

412. 现在我下班了,后天我上白班。

I'm off shift now. The day after tomorrow I'll be on the day shift.

413. 工人上午 7 点,下午 3 点,晚上 11 点换班。

The stevedores change their shifts at 7 in the morning, 3 in the afternoon and 11 at night.

414. 我要离开一会,别忘了记关。

I'll be away for a while. Don't forget to record every sling.

415. 昨晚厨房和船员舱里失窃了。我们想把此事弄清楚,请向港务当局转达我们的意见。

There happened pilferages in the galley and the crew's quarters last night. We want to make it clear. Please\convey\pass on\our idea to the port authority.

416. 记录事实是我们的责任,请在记录上签字来证明事实。

It's our liability to record the fact. Please sign the record to certify the fact.

417. 以下货物被 DDT 原粉灰尘污染。

The underneath cargo is\stained\contaminated\with the DDT dust.

418. 二舱有几袋角蹄粉由于包装不固而破损了。

Some bags of horn and hoof grain in Hatch No. 2 are torn owing to weak packing.

419. 首先,我想提醒你别在数字上落了这些破空袋。

First of all, I'd like to remind you not to\miss out\leave out\the torn empty bags in your figure.

420. 我们会把它们当成原袋的。

We'll consider them original bags.

421. 频繁旋转会引起机器故障。

Frequent rotation of the machine will cause malfunction.

422. 考虑到轻微湿损的袋子没包括在这个数字内,我不能缩减这个数字了。

In so far as the slightly wet bags are not included in the figure, I can't cut down the figure.

423. 依我看来,我们只能把这个留待明天让商检解决了。(或:我们只有求助于商检解决了。)

In my opinion, we can't help leaving the issue to be decided by the cargo surveyor tomorrow. (Or: We have to resort to the cargo surveyor to solve it.)

424. 残损由操作不慎引起。

The damage was caused due to careless handling.

425. 我不这么认为。如果你们事先在羊角桩上铺上足够的板子,这些袋子就不至于被刺穿了。你怎么能怪装卸工呢?

I don't think so. If you had put enough battens on the cleats beforehand, the bags might not have been pierced. How can you blame the dockers?

426. 这些破空袋你认为是怎么回事?

What do you consider the torn empty bags?

427. 请加批注"以商检报告为准",取消原来的批注"有争议"。

Please put the remark "Subject to cargo surveyor's report" and strike off the original remark "In dispute".

428. 涂层擦破且尾部排气管弯曲。

The coating of paint is scratched and the exhaust tail pipe\bent\curved\.

429. 24 号提单少一箱零件。

B/L No. 24 is short of one box of spare parts.

430. 两只盒子被染料污染,三只箱子脱箍,一只箱子反钉且内货不明。这票货残损就这么多。

Two boxes tainted by\dyes\pigment\coloring matter\dyestuff\, three cases with hoops missing, and one case renailed with contents unknown. That's all for the damaged cargo in this lot.

431. 一些板子补过并弯翘了,几根底梁断了。

Some planks are patched and warped. Several bottom skids are broken.

432. 装卸工在卸货过程中确实损坏了一些袋子,但我已单独为它们做了一个记录。

The dockers did have acted to the detriment of some bags during discharging. But I have made a separate record for them.

433.

——我发觉你们的理货员在理货时聊天,我们怎能信任你们的理货数字?

——你说的有点夸张。他们的谈话只不过围绕与理货工作有关的事。

——I become aware of your tallymen's chatting during tallying. How can we trust your tally figures?

——Your words is somewhat\rhetorical\high-flown\exaggerated\. Their conversations merely encompass the things relating to tallying work.

434. 谁都难说里面的货物是否完好。因为我们看不见内部。在这一点上,我们理货员只根据外表判断货物。

You never can tell whether the contents are in good state, because we can't see the interior. In this regard we tallyman only judge cargo by appearances.

435. 有两箱仪器内货格格响。

There are two cases of apparatus with contents rattling.

436. 这 15 桶甲醇除盖子松外,还鼓胀了,你们不妨重修一下。

The fifteen drums of methyl alcohol, in addition to loose lids, are bulging. You might as well recooper them.

437. 这是所有经值班副签字的记录。如果有疑问,你可以浏览手中所有这些记录。这样一切就清楚了。

It's the summing-up of all the records signed by the duty officers. If there is any doubt about it, you can go through the records in your hands. And everything will be clear.

438. 我同情你,但公事公办,这些残损记录是建立在事实基础上的。

You have my sympathies. But business is business. The damage record is\based\founded\established\on the actual facts.

439. 恰恰相反,上面所提货物残损是本来就存在的。

Just conversely, the above-mentioned damage was originally existed.

440. 我反对这种批注。既然你们的值班副检查了所有破袋并认为它们是原残,你怎能让装卸工负责呢?

I reject such remarks. As your duty officers examined all the torn bags and recognized them original damage, how can you hold the stevedores responsible?

441. 你根据什么判断货物状况?

By what do you judge cargo condition?

442. 在门司港,轿车都是由熟练司机开进中甲板和下甲板的,不可能发生碰撞。

In the port of Moji, the sedans are all driven into the trailer deck and the lower hold by experienced drivers. There couldn't have been\collision\impaction\.

443. 20 箱人造纤维溢卸,50 袋树脂乙烯短卸。这是我们理出的实际数字。我们已检查过好几遍了。

Twenty cartons of\rayon yarn\artifical fibre\are overlanded and fifty bags of polyvinyl resin shortlanded. This is the actual figure that we've tallied.

444. 我不知道在装货港是怎样理货的,但在这里有双方理货,即理货员代表船方,驳船工人或仓库管理员代表收货人。至于大票的袋子,工人通常做关定型定量。他们既不受贿也不骗人,因此我相信我们的最终数字是正确的。

I don't know how the cargo is tallied at the loading port. But here the cargo is tallied by two sides, that is, the tallyman on behalf of the ship and the lighter man or the warehouse keeper on behalf of the receiver. As regards the bagged cargo in big lots, the stevedores always make slings in fixed form and fixed quantity. They neither take bribes nor play anybody false. So I'm certain our ultimate figure is correct.

445. 你的批注根据不足,我听起来好像你怀疑我们的理货数字。

Your remarks are not well grounded. It seems to me that you doubt our tally figure.

446. 这正是问题所在。很明显有一勾被你们的理货员漏掉了。

That's just the point. It's obvious that one sling was missed out by your tallyman.

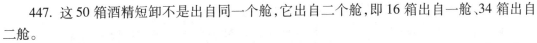

447. 这 50 箱酒精短卸不是出自同一个舱,它出自二个舱,即 16 箱出自一舱、34 箱出自二舱。

The shortage of 50 cartons of alcohol doesn't come out of one hatch. It comes out of two hatches, that is 16 cartons of Hatch No. 1 and 34 cartons of Hatch No. 2.

448. 你积载图上的总数与舱单上的不一致。

The total amount that appears on your cargo plan disagrees with that on the manifest.

449. 事实胜于雄辩。我们已经一遍一遍地查过了货物,既然没错,你就没有理由否认这个数字。

Facts speak louder than words. We've checked the cargo over and over again. Since there's no error, you have no reason to deny the figure.

450. 用"货物自然减量"这种批注来描述磷灰土是不合适的。

To use the remark "Normal loss of quantity" describing the phosphate is out of place.

451. 我们复核了计数单并复查了货垛,结果都是 301 件。

We've reviewed our tally sheets and reexamined the \ stack \ pile \, the consequences are all 301 pieces.

452. 黄麻短卸是从哪个舱出来的?

Which hatch does the shortage of the jute come out of?

453. 装完货后大副无缘无故地拒签收货单。

The Chief Officer refused to sign the Mate's Receipts after loading for no particular reason.

454. 我不知道这件事该怎么办。

I wonder how that is to be done.

455. 这是肉眼明显可见的旧损伤,你怎么能在货物异议书上批注"原收原交"?

It's a \ visual \ visible \ former defect. How can you remark \ "Delivered as loaded" \ "Discharged as loaded" \ on the cargo exception form?

456. 许多袋子都有一定程度的破损且内货严重外漏。

A number of bags are worn out to a certain extend with contents leaking badly.

457. 船方须支付移货和翻舱的理货费用。

The ship has to pay the tallying fee for shifting and reloading of cargoes.

458. 两个箱子用旧板反钉过且裂缝了。

Two cases are renailed up with old planks and split.

459. 许多装暖瓶的箱子被磨损且箍带部分生锈。

A number of cartons of vacuum flasks are chafed with their bands partly rusty.

460. 不要紧,我敢肯定那不影响内货。

Never mind. I bet that won't affect the contents.

461. 所有螺丝全上锈了。

All the screws are wholly rusty.

462. 既然不同票苎麻混装了,船方就得支付分标志费。

Since the ramie of different lots has been mixed up, the ship has to pay for sorting marks.

463. 操作过程中如不加以注意,就会出现货物残损。

Damage to cargo may\result\arise\if due observation isn't paid to handling.

464. 有些靠近锅炉房的箱子里面的粘胶冒出。

In some instances of the cases adjacent to the boiler room the inside\sticky\glutinous\glue oozed out.

465. 你没签这两张。

You've\failed\neglected\to sign these two pieces.

466. 我认为加批注毫无必要。

I deem it\unnecessary\not requisite\unessential\dispensable\to put remarks.

467. 你对进口灯泡加了批注,可现在你又不同意我对出口丝绸制品加批注,这合理吗?

You have put some remarks regarding the inward bulb, whereas now you don't agree to my putting any remarks concerning the outwards silk fabrics.

468. 关于进口货,我确实加了一些批注,因为所有的残损痕迹明显是旧的,但至于装到船上的出口货物,都很完好,你所提到的破袋实际上已在发现后换掉了。你们二副没向你报告调换的事,这不是我的错,你知道,我们中国理货员尊重事实。

With respect to the inward cargo, I did put some remarks because all the traces of damage are apparently old ones. But as to the outward cargo loaded on board, it's all in good condition. The torn bags you mentioned were actually replaced right after they were discovered. Your Second Mate didn't report it to you about the replacement. That's not my fault. You know that we Chinese tally-men respect facts.

469. 除了"大量"一词,发货人同意你的批注,他希望你写下具体数字。

Except for the words "a lot of", the Shipper agrees to your remarks. He hopes you'll put down a\definite\concrete\figure.

470. 依我的观点,钢材轻微弯曲是自然现象,根本不影响货物质量。

In my opinion, it's a natural phenomenon that steel bars get partly bent. That won't affect the quantity of the cargo at all.

471. 减去10捆怎么样?

How about deducting 10 bundles?

472. 为了保护船东的利益,我拒绝修改我加的批注,但你可以加反批注嘛。批注与反批注是允许同时存在的。

For the purpose of covering the owner's interests, I refuse to revise my remarks. But you may put oppositional remarks. Remarks versus opposition to remarks are allowed to exist simultaneously.

473. 我要同发货人及时协商。

I'll\study\confer\with the Shipper in time.

474. 等到发货人来了再说,我们现在没有必要争执。

Leave it till the Shipper comes. It's not necessary for us to argue about it.

475. 我看见你们的起货机手跳档操作起货机。他要对事故负责。

I saw your winchman not operating the winch gear by gear. He is liable for the accident.

476. 去年我们对起货机大修过一次。

We had the winch overhauled last year.

477. 看起来他是个生手,且对工作无经验。

It seems he's a green hand and is inexperienced in his job.

478. 我们所有的起货机手都训练有素,能熟练操作起货机。

All our winchman are well trained and\skilled\skillful\proficient\practiced\in handling winches.

479. 理货员待时不是由于起货机手操作不熟,而是因为起货机坏了。

The tallymen's stand-by was not due to the unskilled handling of the winchman but to the breakdown of the winch.

480. 问题在于你们的起货机太旧了,且缺少日常保养,因此当起货机日夜不停地使用时就易损坏。

The question is your winch is too old and lack of routine maintenance. Therefore, it's liable to \get worn-out\be out of order\when working night and day without a break.

481. 小事一桩,不必争执。

This is a\trifle\trivial thing\. It's not\worth\worthy of\worthwhile\arguing.

482. 我不能没有调查就对此事仓促地做出结论。

I can't bring this matter\a speedy\an urgent\conclusion without investigation.

483. 我们也不愿浪费时间,我们也想让你船尽早离开。

We aren't willing to waste any time either. We also want to have a quick dispatch of your ship.

484.

——我的待时时间是两小时,你的是两小时20分,你去掉20分的免计时间了吗?

——分歧不大,让我在记录上修改一下。

——My stand-by time is 2 hours. But yours is 2 hours 20 minutes. Have you\eliminated\precluded\20 minutes' free time?

——The discrepancy isn't too much. Let me\modify\correct\it in my record.

485. 你们到我们港口多次了,我们之间已建立起良好的合作关系。

You have been to our port many times. Good cooperation has been\set up\built\between us.

486. 由于缺少护舱板,三舱有许多亚麻织品被撕破了。

Some linen fabrics were torn in Hatch No. 3 owing to the lack of cargo batten.

487. 无论你怎么说,我都应根据事实编制记录。

Whatever you say, I should make out a record in accordance with the facts.

488. 大副,这是二舱毛织品混装的现场记录,请签字。

Chief Officer, here's the On-the-spot Record for the mixed-up stowage of the woolen fabrics in Hatch No. 2. Please sign it.

489. 理货长是公证人,既然理货长已签字,就不必再让我签字了。

Chief Tally is a\go-between\notary\. Since the Chief Tally has signed it, it's no longer necessary for me to sign.

490. 上一航次我由于承认了货物短缺而受到船东的严厉批评。

I was \sternly \severely \criticized by the ship-owner on the last voyage for my acknowledging the shortage.

491. 我只好编制一份清单表明短捆溢支了。

I can but make a list showing the shortlanding of bundles and overlanding of loose pieces.

492. 实在没办法,就按你说的办吧。

It can't be helped. Do as what you say.

493. 大副不顾我的反对坚持要加批注。

The Chief Officer insisted on putting remarks \regardless of \without regard to \my objection.

494. 货物混装给理货员带来极多麻烦。分标志费应由船方负担。

Mixed-up stowage of cargo caused our tallymen excessive amounts of trouble. The sorting charges shall be \born \borne \undertaken \assumed \by the ship.

495. 很明显,我们不会把工残归到你们账上。

It's evident that we won't charge the stevedores' damage to your account.

496. 至于污染的指甲油,是你们的过失,不是我的过失。

As to the stained nail-polish, the fault lies with you, not with me.

497. 你用什么来证明你的观点?

What evidence can you present to \justify \confirm \verify \prove \testify \witness \your views?

498. 15 个液氮集装箱板子破了,船方值班人员已检查过了。若有疑问,请向他们询问。

There were 15 liquid nitrogen containers with planks broken. They were examined by the ship's personnel on duty. If you have any doubt, you can ask them about it.

499. 你们的工人粗暴地拽吊索,结果铁板上的衬垫被移开了。这就是铁板被从破袋里漏出来的纯碱污染的原因。

Your dockers towed the slings roughly. \In consequence \Upon this \the dunnage was removed from the steel plates. That's why some plates are stained by the soda from torn bags.

500. 你所说的根本没有说服力,你可以看见被污染的板上的锈不是一薄层,很明显这样厚的一层锈只能在很长时间内形成,对我方而言,工人卸货过程中一发现板上的尿素就扫去了。

What you say isn't convincing at all. You see the rust on the stained plate isn't a thin layer. It's obvious that such a thick covering of rust can only be formed in a long time. For our part, the dockers swept the urea as soon as they found it on the plates during discharging.

501. 让我们共同把这案子交商检处理。

Let's mutually submit the case to the cargo surveyor.

502. 你看下面的货物还没动呢。你可以很容易地看出所有破箱上面的旧痕迹。

Look, so far the cargo down below hasn't been touched yet. You can easily find the old traces on all the broken cases.

503. 看来唯一的办法就是签字了。

It seems that the only way out is to sign.

504. 如果你乐意,就在纸上记下它作为参考。

If you like, you may jot it down on a piece of paper for reference.

505. 托盘内的橡胶或多或少潮湿并发霉,有一些甚至粘在了一块。

The rubber bales inside the pallets are more or less damp and mouldy, some have even stuck together.

506. 液氮集装箱的破箱数量是 15,其中 7 箱是工残。

The figure of the broken cases of liquid nitrogen container is 15, of which 7 are stevedores' damage.

507. 二舱有五箱氨水罐脱钉。

There are 5 aqua ammonia containers off-nailed in Hatch No. 2.

508. 五舱带干水渍的黄鼬皮发出难闻的气味。

The weasel skin with dry water stains in Hatch No. 5 gives off a horrible smell.

509. 一舱甲板三辆卡车上的窗格玻璃打碎了,挡泥板凹了,天线折了。

There are three trucks on No. 1 deck with window panes broken, mud guards dented and antennas bent.

510. 还有就是,15 辆卡车的底盘锈渍,尤其在船桅房附近的。

Moreover, the chassis of 15 trucks are rust-stained, particularly those near the mast house.

511. 请在装货单上加"甲板货由发货人负责"的批注。

Please put down the remarks "Deck cargo at shipper's risk" in the Shipping Order.

512. 记录现在托运人那里,将由他提交到保险公司。

Now the record is\at the dispose of\in the possession of\the consignor. It is to be submitted to the Insurance Company by him.

513. 三舱卡车的大多数车厢边挡板和后挡板都没有装配上,它们在舱里到处都是。

In Hatch No. 3, the majority of the side and rear walls of the trucks are not\fitted on\rigged up\. They spread over in the hold.

514. 24 号轿车的后视镜、雨刷器、千斤顶、香烟打火机、半导体收音机、备用轮胎和蓄电池丢失。

The rear view mirrors, the windshield wipers, the jack, the cigarette lighter, the transistor set, the spare tire and the storage batteries of Sedan No. 24 are missing.

515. 把轮胎的气放掉,然后重新充上气。

Deflate the\tire\tyre\and then inflate it afresh.

516. 二舱轿车丢失了什么?

What are missing on the sedans in Hatch No. 2.

517. 船的剧烈颠簸损坏了车上的一些附件。

The heavy tossing of the vessel damaged some accessories of the cars.

518. 二舱左舷甲板的两辆卡车因绑得不好而碰撞了。

The two trucks on No. 2 port deck collided because of bad\lashing\binding\.

519. 除非轿车内胎漏气,否则就不必做记录。

It's not necessary to make out a record unless the inner tube of the sedan is leaking gas.

520. 卡车轮胎瘪了,内胎可能被刺穿。

The tires of the trucks are flat. The inner tubes might be punctured.

521. 将用双线作业,需调整装舱顺序。

There will be two loaders at work. It needs to adjust loading sequence.

522.

——请分别给我数字。

——少 75 捆,溢 3 825 支。

——Please give me the figures\separately\respectively\.

——Seventy five bundles are short and three thousand eight hundred twenty five pieces over.

523. 在长崎港装货工人解开了几十捆,为的是用这些散件填充亏舱。

The stevedores at the loading port of Nagasaki untied several score of bundles in order to fill the broken spaces with the loose pieces.

524.

——每捆的件数在舱单上未注明。

——问题就在于此。

——The number of pieces of each bundle is not\stated\shown\on the manifest.

——That's just the point.

525. 镍银每 10 块打成一捆,请把散件折算成捆。

\German silver\Nickel silver\is packed in bundle of ten. Please work out the number of bundles from the loose pieces.

526. 船方是货物承运人,加这种批注似乎不合理,同时我想收货人也不会接受的。

As the ship is the carrier of the cargo, it seems unreasonable to put such remarks. Meanwhile I don't think the Consignee will accept it.

527. 站在我的立场来说,我不得不保护我的船东的利益,否则我将因此受责难。

On my part, I have to cover my owner's interests; otherwise, I'm to be blamed for it.

528. 大副,你已来过多次了,你应该对我们国家有一个很好的了解。我们在业务中从不欺骗。我相信收货人会据实处理这个问题的,如果数字正确,他肯定不会向船东索赔的。请放心好了。

Chief Officer, you have been here many times. You ought to have a better understanding of our country. We never cheat in business. I'm sure the Consignee will deal with this matter according to the fact. If the figure is correct, he will definitely not lodge any claims against the shipowner. Please take it easy.

529. 坦率地讲,我对数字感到怀疑。

Frankly speaking, I feel\doubtful\suspectable\about the figure.

530. 我也知道这不是一个小数字,所以我们反复检查了几遍。

I also know it's not a small figure. So we have checked it repeatedly.

531. 我敢说,你这是偏见。我们理货员是对船方负责的,我们在工作中总是坚持实事求是的态度。所以单证上的东西反映了客观事实。你尽管相信好了。

You have prejudice, I dare to say. We tallymen hold ourselves responsible to the vessel. We always take a practical attitude towards our work. So what appears in the list reflects objective. You may rely upon it.

532. 我们都是专业理货人员。我们的队伍受过专门的培训。我们都遵守理货的原则，维护委托方的合法权益。

We are all \ personnel \ staffs \ in the specific field of tallying. Our contingent is specially trained. We all observe the principles of tallying and safeguard the\client's\entrusted party's\legitimate rights and interests.

533. 事实是，我们每条作业线有两名理货员，并且作业过程中他们一直在现场，他们工作很辛苦。

As a matter of fact, we have two tallymen for each gang, and they are on the spot all the time during handling. They work earnestly and hard.

534. 任何人都难免犯错误，我们虽然不能说自己永远正确，从不犯错，但我们应尽量使错误减到最少，一旦出现错误，就改正它。

It's hard for any person to avoid mistakes. Although we can't say we're always correct and never\make\blunder\errors, yet we should minimize our mistakes as few as possible. Once a mistake is occurred, we should correct it.

535.

——恐怕你们的理货员在计数单上漏记了3勾，因为18捆正好等于3勾。

——你猜错了，现在所说的短缺不是出于一个舱而是三个舱，即二舱7捆，三舱2捆，四舱9捆。

——I'm afraid your tallyman may miss three slings on the tally sheet by chance, because 18 bales\equal to\amount to\are equivalent to\three slings.

——No, you haven't guessed it. The shortage in question doesn't come out of one hatch but three, that is, seven bales from Hatch No. 2, two from No. 3 and nine from No. 4.

536. 你用地脚货抵消短卸不行吗？

Can't you set off the sweepings against the shortage? (Or: Can't you offset the shortage by the sweepings?)

537. 根据租船公约，承运人责任到货物卸离船舶时止。

According to the Charter-party terms, the responsibility of the carrier shall\cease\be relieved\ when the cargoes are discharged from the ship.

538. 若仍觉问题棘手，我想你可以加批注"系日照理货数字"。

If you still think it's \ an awkward \ a troublesome \ matter, suppose you can put the remark "According to Rizhao tally".

539. 他们使用了先进技术，理货完全机械化，所有货物都是由计算机来理数的。它很少出错，有很多优点，在现代海运业中它确实是一种先进方法。

They used an advanced technique. Tallying was completely mechanized. All the cargo was counted by automatic calculators. It seldom makes mistakes. It has many advantages. It's indeed an advanced method in modern shipping business.

540. 我们赞同机械化理数，将来早或晚我们也要采用这种方法。但据我所知，以前我曾接触过几艘停靠我港的远洋轮。它们运载的货物在装货港也是由计算机理数的。令我不解的是，它们的理货数字并不是100%正确。货物卸下后时而发现或是短卸或是溢卸。这就说明在特定的港口机械理货并不是绝对可靠的。以我的观点，理货数字的正确性主要由理货员对工作的高度责任感决定。即使最新式的机器也会偶尔出错。所以我向你保证我的数字是正确的。

We are\in favor of\in support of\the mechanical tallying. We'll adopt this method likewise in the long run in the future. However, to my knowledge, I have come into contact with several ocean-going freighters calling at our port before. The cargoes they carried are also counted by automatic calculators at the loading ports. It puzzles me that their figures didn't turn out 100% correct. The cargo was now and then found short or over after discharging. This reflects that calculators aren't absolutely reliable at certain ports. From my point of view the accuracy of the tally figure\is decided mainly by\depends fundamentally on\rests basically upon\tallymen's high sense of duty to their work. Even up-to-date machines might occasionally go wrong. So I assure you our figure is correct.

541. 你工作出色不会被解雇的。

You work nicely. You won't get the sack.

542. 你能否把短卸数字减去一半？

Can you cut down the value of the shortlanded cargo in half?

543. 我们对理货工作的态度是实事求是，用地脚货来补足短卸是不允许的。

Our attitude towards the tallying work is to seek truth from facts. Using sweepings to make up for the shortage is not allowable.

544. 从各舱卸下的货物数字与船图上的不一致。

The figures of cargo discharged from the segregated hatches\don't correspond to\differ from\don't agree with\those on the cargo plan.

545. 通过抽查，我发现你们工人时而把残损货装上船。

Through spot check I found your stevedores misloaded the damaged cargo on board\occasionally\at times\now and then\.

546. 不要把事情看得太严重了，货物短少或溢出在理货工作中是常见的事。

Don't take things too seriously. Overage and shortage is common in tally work.

547. 如果你不顾事实拒绝在货物单证上签字，你就不能结关开航。

If you disregard the fact and refuse to sign on the cargo papers, you can't complete the clearance on ship's departure.

548. 请你平静下来对这个问题做慎重考虑，否则你将承担由此造成的所有后果。

Calm down yourself and give the matter your careful consideration, otherwise you'll have to bear all the consequences arising therefrom.

549. 请让我举一个例子供你进一步参考。例如，我们发现计数单与装货单上的数字之间有出入，尤其计数单上有一些涂改之处。

Allow me to put forward an evidence for your further consideration. For instance, we find some discrepancies between the figures on the tally sheets and those on the Shipping Orders, particularly there are some obliteration on the tally sheets.

550. 内理根据记有数量的理货小票检查关内数量。

The warehouse keeper checks up the quantity in the slings according to the numbered tally tickets.

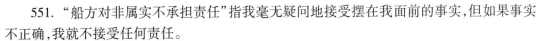

551. "船方对非属实不承担责任"指我毫无疑问地接受摆在我面前的事实,但如果事实不正确,我就不接受任何责任。

"Ship not responsible without prejudice" means I accept the facts presented before me without question but I won't accept any responsibility if the facts aren't correct.

552. 在此期间,我将让我的代理人给槟榔屿港发一个查询单以做进一步调查。

In the meantime, I'll ask my Agent to send a tracer to Penang to make further investigation.

553. 11 箱三级薄荷脑短卸,一级薄荷脑既无短卸也无溢卸。

Eleven cases of Grade No. 3 menthol are short delivered. There is neither shortage nor overage of Grade No. 1 menthol.

554. 让我简明扼要地介绍一下三结合理货方法。它是我们的一种先进的工作方法之一,其含义是:为保证理货的准确性,三方联合检查货物,这三方除了外理还有内理和装卸工人。

Let me \introduce \bring out \describe \the three-in-one tallying method to the point briefly. It's one of our advanced working methods. It means three parties check cargo together in order to \ensure \guarantee \an accurate tally. The three parties, \besides \other than \the tallyman, refer to the warehouse keeper and the dockers.

555. 被迫签字不是常有的事。

Signing under \compulsion \protest \is not of frequent occurrence.

556. 我的船已完成了出港许可手续,很可能下午就离开。

My ship has completed port clearance and will very likely leave this afternoon.

557. 你说的"积载因数"这个术语是什么意思?

What do you mean by the term of Stowage Factor?

558. 有可能你们在过驳卸货时把数字弄错了。

Probably you get the figure wrong when transhipping cargo to the lighters.

559. 如果你把短卸数字缩小 50%,即从总数中扣除 12 件,我就签字。

If you reduce the figure of shortage by 50%, that's to say, deduct twelve pieces from the total, I'll sign.

560. 对不起,这不是交易,我们从不说假话,我们一贯尊重事实,并根据原则办事。

I'm sorry there is no bargain. We never tell lies. We always respect facts and do business on principles.

561. 与托运的货物有利害关系的方面是托运人、承运人和收货人,理货公司只是代表船方工作,本身根本不是权益方。

The interested parties of a consignment are the Consignor, the Carrier and the Consignee. The tally company simply works on behalf of the vessel and is not by nature an interested party at all.

562. 根据业务章程,如果重理数字与原理数字一致,重理费应由船方支付,重理后的重理记录最后将发到船东那里。如果重理数字与原理数字不一致,重理费由我们理货公司承担。

According to the Business Regulations, the retallying charges shall be for the account of the vessel if the retallied figure is in \conformity \accordance \with the original one. A retally note shall be issued as final to the shipowner after retallying. If the retallied figure doesn't correspond to the original one, our tally company will undertake the cost of retallying.

563. 如果你拿不定主意,不妨请示你们船长的意见。

If you can't make up your mind, you might as well ask your Captain for his instruction.

564. 星期天理 1 000 吨货为何要向我们收取附加费?

Why\charge us extra fee\charge us additionally\for tallying 1,000 tons of cargo on Sunday? (Or:Why surcharge us for tallying 1,000 tons of cargo on Sunday?)

565. 根据我公司理货收费规章,如果在星期天或法定节假日及困难作业下理货将因此收取附加费。

According to the Regulations for Collecting Tallying Fees by our Company, in case any tally is done on Sunday or legal holiday and difficult operations, additional charges shall be collected accordingly.

566. 我们按理货收费率的 100% 收取附加费。

We charge extra fee at 100% of the rates of tallying fees.

567. 理货收费规则从 1980 年 6 月 1 日起实施。

The Regulations for Collecting Tallying Fees \ are effective \ come into force \ from June 1st,1980.

568. 你们的船期表规定船舶 16:30 离开,请为联合检查做好准备。

Your ship is scheduled to leave at 16:30. Please get everything ready for the joint\inspection \survey\.

569. 以相同费率收费的货物,不够一吨将视作一吨。

For cargoes chargeable at the same rate, part of one ton shall be taken as one ton.

570. 在这种情况下,我通常加批注"甲板货由发货人负责"。

Under such circumstances, I usually put the remarks "Deck cargo at shipper's risk".

571. "有争议"这种批注任何情况下对收货人来说都是不可接受的。

The remarks "In dispute"are under no circumstances\accessible\acceptable\to the Consignee.

572. 集装箱在装箱前已彻底清洗,并且里面的所有物品都已移走。

The container has been\thoroughly\entirely\cleaned prior to vanning and all evidence of previous contents has been removed.

573. 木头、钉子和其他外来杂物都嵌在了甘草之中。

Wood, nails and other foreign materials were imbedded in the licorice.

574. 货物装卸期间,理货人员应与船上值班驾驶人员和船员保持联系,以便及时商议与解决有关理货工作的问题。

During cargo handling, the tallymen must keep in \contact \association \with ship's officers or crew members on duty so as to discuss and solve problems relating to cargo tallying.

575. 配载图应给每个货舱配以一定数量的货物,使任何一个货舱都不至于需要一种不相称的卸货工作舱时量。

The tentative plan should provide for an amount of cargo in each hold so that no one hold will require an unproportional number of gang hours of work to discharge the cargo.

576. "倒装"并非指货物上面一定有别的货物直接装在它上面,而仅仅是指那货物以这样或那样的方式阻碍着卸货的进行。

"Over stowed" doesn't mean that the cargo necessarily has other cargo stowed directly over it, but simply that cargo is blocking the discharging in one way or another.

577. 参照你们 12 月 26 日来电,我公司为你在"塔斯门"轮保留杂货总舱容 30 000 包装尺码,特此通知,请确认能否装满。

With reference to your cable of December 26th, we wish to inform you that we retain\reserve\ you on the M. V "Tasman" a total of thirty thousand bale feet of space for general cargo. Please confirm that you are able to utilize the space fully.

578. 集装箱理货、理箱规则从 1976 年 7 月 1 日起施行。

Rules for Tallying Containerized Cargoes and Containers take effect as from July 1st, 1976.

579. 我们办事公正,这是普遍公认的。

It's\universally\widely\acknowledged that we act on the square.

580. 在处理对外事务时,我们坚决贯彻党的政策。

When dealing with foreign affairs we resolutely carry out the Party's\guidelines\policies\.

581. 我们按每吨 0.30 元人民币的费率收取重理费。

We collect the retallying expenses at the rate of 0.30 ¥ RMB for per ton.

582. 如果船东未授权你这样做,你不妨打电话请示他。

If the shipowner doesn't authorize you to do so, you might as well telephone him for his instructions.

583. 这已成为国际惯例。

It has formed an international habit.

584.

——从这到海员俱乐部有多远?

——五站远。

——\How far is it\What's the distance\from here to the Seaman's Club?

——Five stops away. (Or:There are five stops.)

585. 我想用一下你的高频电话同公司联系一下。

I'd like to use your VHF(Very High Frequency) telephone to contact our company.

586.

——洗手间在哪儿?

——在尽头左边。

——Where is the\W. C\water closet\toilet\?

——At the left of the end.

587. 昨天我把公文包和对讲机忘在理货房间里了。你有没有帮我保存好?

I forgot my briefcase and \walkie-talkie \ intercom \ in the tally room yesterday. Do you keep them for me?

588. 请跟我来,我给出租汽车公司打个电话,让出租车带你去代理公司。

Come along, please. I'll telephone to the Taxi Service to let the taxi take you to the Agency.

589. 没有边防站的同意,任何船员不准整夜留在岸上。

No crew member is allowed to stay ashore\over night\all night long\without the permission of the Frontier Station.

590. 中国外理总公司在我国沿海各港口都有分公司。

The China Ocean Shipping Tally Company Head Office has branches in all coast ports of our country.

591. 泡沫灭火机和酸碱灭火机的作用不同,前者用于扑灭不溶于水的易燃液体引起的火灾,后者用于扑灭竹、木、棉等普通可燃物引起的初起火灾。

The functions of foam fire extinguisher and the soda-acid fire extinguisher are different. The former is used to\put out\extinguish\stamp out\fire disaster caused by combustible liquid that can't dissolve in water. The latter is used to put out conflagration of initial stage caused by common combustive matter,such as,bamboo,wood and cotton,etc.

592. 岚山盛产各种鱼类和海珍品。

Lanshan is teemed with varieties of fishes and rare seafood.

593. 吃亏的和解强似胜利的诉讼。

A bad compromise is better than a good lawsuit.

594. 有理走遍天下。

If one's in the right,one can go anywhere.

595. 有规则就有例外。

There is no ruler without an exception.

596. 亡羊补牢,为时未晚。

Better late than never.

597. 言必信,行必果。你不能言而无信。

One should be as good as one's word. You can't go back on your word.

598. 三思而后行。

Score twice before you cut once. (Or:Look before you leap.)

599. 外语是人生斗争的一种武器。——卡尔·马克思

A foreign language is a weapon in the struggle of life. ——Karl Marx

600. 少壮不努力,老大徒伤悲。

Laziness in youth spells regret in old age.

附录 B　理货残损鉴定常用英语

1. 海损理事书　average adjustment
2. 海损异议书　captain's protest
3. 提出抗议　to raise an objection
4. 提出含混申诉　to make vague complaints
5. 停止仲裁　to withhold business
6. 诉诸仲裁　to resort to arbitration
7. 打官司　to resort to litigation
8. 正确对待问题　to view the matter in a proper light
9. 解决困难　to straighten out difficulties
10. 消除误解　to clarify misunderstanding
11. 帮助消除纠纷　to help one get out of the mess
12. 找出和解办法　to work out a compromise
13. 通融让步　to stretch appoint
14. 部分赔偿　to compensate partly
15. 抵消差额　to offset the difference
16. 圆满解决　to bring the case to a happy close
17. 表层　top layers；surface
18. 在卸货过程中　in the course of discharge during discharge
19. 右后角　at aft starboard corner
20. 变黄、褐色　discolored into dark yellow or dark brown
21. 愈向内愈严重　The more inner the worse.
22. 结块　become cake like
23. 发出……气味　giving out a...smell
24. 更有甚者　so much the worse
25. 粘连成片/块　agglomerated into slices/hard mass
26. 呈焦黑色　in burnt black color
27. 位于……之前　located in front of
28. 核计损失如下　the loss is enumerated as follows
29. 鉴定损失如下　the following is the ascertainment of loss
30. 我们对整批货物做了仔细检查发现……

We made an careful inspection of the whole shipment and found that...

31. 整批货物经本局鉴定人员仔细检验,查得……

Our careful inspection of the whole shipment revealed/showed...

32. 经向大副了解……　On inquiry,the chief-mate said that...

33. 在……港装船时已发现有漏、湿的情况

The leaky and the wetted bags came in his notice during loading at. . . port.

34. 提单上已有批注,经我局查阅属实

There were exceptions made about the fact on the Bill of Loading. they have been verified to be true by us.

35. 提单上已有批注

There was remarks about it on the Bill of Loading.

36. 拣取干、湿样品,分别测定其含氮量。

The dry and the wet samples were drawn out and put to test for N-content respectively.

37. 计有……包有不同程度的水渍,有些捆扎铁丝已严重生锈或脱落。

It was found that. . . bales had sustained water damage to varying degrees, with some binding wires badly rusted or missing.

38. 经在……中拣取样品化验。

a test was made on the sample from the. . .

39. 证实系淡水湿。

Showing that the damage had been caused by fresh water.

40. 湿货经化验为淡水渍。

Wet cargo was analysed to be of fresh water damage.

(The samples from the wetted ones were analysed and found damage caused by fresh water.)

41. 以校准过的秤分别过重

weighted on the tested scales respectively

42. 在卸货过程中,本局鉴定人员登轮会同大副检视卸货情况。

During unloading, we made an inspection on aboard the vessel together with the chief-mate.

43. 经细心观察发现货舱顶及四边确有滴流痕迹。

We made a careful observation and noticed that there was indeed evidence of dripping on the ceiling and the sides of the cargo hold.

44. 因温度过高产生汗水滴湿舱内货物。

Thus making the cargo hold with a higher temperature dripping heavy sweat, resulting in the damage.

45. ……和……分开后另行堆放。

. . . and. . . were divided from each other and piled up separately.

46. 按发票净重每袋……千克计算。

on the basis of. . . KG/bag as specified in the invoice

47. 鉴于受污小麦已不能食用,推定全损。

The damaged cargo was recommended as constructive total loss on account of unfitness for edible purpose.

48. ……在……港装/卸货期间,曾遇大雨,因未及关舱而致货被淋湿。

. . . were wet by heavy rain for the holds were not closed in time when loaded at. . . port.

49. 根据申请人报告　according to the applicant's statements

50. 因吊卸不慎,……跌落水中。

. . . were dropped into water due to the incautious operation of crane during unloading.

51. 鉴定作为全损。

Hence it is recommended as constructive total loss.

52. ……运入收货人仓库。

. . . was transferred/conveied into the consignee's warehouse.

53. 在接受申请后　upon receipt of the application

54. 依法登轮检验并发现……

duty attended aboard the above vessel for inspection and found that. . .

55. 渍损　stained by

56. 无水渍污染　free from water stain

57. 外表完整无损　intact and damage-free externally

58. 未封口　had not been sealed

59. 二舱和六舱预卸时有短缺现象

with signs of pre-unloading for reduction in the hold No. 2 and No. 6

60. 舱内无残存货物　no remaining cargo was found in the hold

61. 逐捆丈量长度　measured in length bundle by bundle

62. 被发现　came to one's notice

63. 根据残损程度确定损失如下:……

We made an ascertainment of loss according to the degree of damage as follow:. . .

64. 鉴定损失如下:……

The following is the loss ascertainment:. . .

65. ……受不同程度污水渍损。

. . . had sustained sewage-damage in varying degrees.

66. ……外露并沾有泥污　. . . exposed and muded

67. 更进一步的检查表明　the further inspection showed that

68. 经向船长了解　according to the captain's statements

69. 混有诸如泥砂、木屑、锯末等杂物,使货物受污染

mixed with such foreign matters as soil, sand, scraps, sawdust and so on, and contaminated by them

70. 因受污而贬值　depreciation due to contamination

71. 外包装没有发现污渍　without the outer packings showing signs of being stained

72. 污染程度　degree of contamination

73. 在运输途中　in transit

74. 漏水的痕迹　evidence of water leakage

75. 积载良好　the stowage is satisfactory

76. 查阅船方的装货单有"在装货港装货时发现有破件"的批注。

The shipping order furnished by the ship was perused and found with this exception: broken reels came in to notice during loading at loading port.

77. 明显的磨损痕迹　evident abrasion

78. 用……衬垫　had been lined with...

79. 周围空隙没有填充物料固定

without the spaces around being adequately filled up

80. 横向移动　moved transversally

81. 油漆脱落　some paints peeling off

82. 铆缝裂开……米长　riveted seam forced apart...m long

83. 顶部横梁弯曲变形　the upper cross beams bent, deformed

84. 一端脱落　dropping at one end

85. 合同规定　specified in the contract

86. 不宜使用　unfit for...purpose

87. 影响销售　become less merchantable

88. 这些缺陷严重影响使用。

The defects have seriously affected the use of the motor.

89. 性能正常　normal in performance

90. 由于工人吊卸不慎　as a result of a porter's incautious handling

91. 有关部门　the relevant department

92. 区分　differentiated from; separated from

93. 存在……缺陷（划痕，皱痕，油漆剥落）

bearing such defects as... (scratches, creases, peeling of paint)

94. 短数短尺　shortshipped in both size and quantity

95. 发现有……箱残损　damage had sustained to...cartons

96. 衬垫不良　inadequately lined

97. 霉烂变质　mouldy rotten and deteriorated

98. 另行堆放　piled up independently

99. 发货人出具保函　the consignor wrote a letter of indemnity thereby.

100. 在我们的监督之下　under our supervision

101. 由水湿引起的　as a consequence of water damage

102. 久而久之　as time passed

103. 修理费包括材料费……　repairing fee include cost of materials....

104. 须经修理才能使用　could not be put into use until repaired

105. 货物与包装之间留有足够的空间，仅仅在底部垫了一块小木块，此小木块没有用合适的材料系紧、支住和绕住。

Due to the ample space between the cargoes and the packages only dunnaged with small square wood at the bottom without being well fastened up, propped up and lined up by suitable materials.

106. 根据发票单价损失为____港元，合计____港元。

The loss in total was calculated at HK $ ____ on the basis of the unit price: HK $ ____.

107. 每单位发票值的损失为____美元。

The loss was US $ ____ as against the invoiced unit price.

108. 有被撬开重钉的痕迹　appeared to having been prized open and renailed

109. 里面的铜金属丝全部不见了　the copper wire therein was all missing

110. 内外完好　intact externally and inernally

111. 与标明的相符　in conformity with the marked one

112. 被窃的迹象　signs of pilferage

113. 按每平方英尺返工费人民币____计,共需返工费人民币____元。

The reconditioning fee required at RMB ¥ ____ on the basis of ____ per sq. ft.

114. 根据收货人的要求　at the consignee's request

115. 钢板　steel plates

116. 多数生锈　mostly in a rusted state

117. 驳船　lighter

118. 证明没有氯离子反应　proving that there no reaction of chlorine ion

119. 不同规格　respective specification

120. 卸载后理货公司出具了一份情况说明。

Tally Corp. issued a statement on the condition after discharge.

121. 鉴定人员登轮开始检验并发现……

surveyors attended on board(the vessel) to carry out inspection with. . . and found that. . .

122. ……已湿并变黄还有不同程度的结块。

. . . had been wetted and turned yellow and lumped to different extents.

123. ……被污水严重污染并溶解。

. . . were seriously stained with rusty water and dissolved.

124. 据检验,残损应归因于当下雨时舱盖没有及时关上。

Basing upon inspection,the damage should be attributed to the fact that when it was raining heavily at. . . ,the hatch cover did not be closed in time.

125. 典型样品的抽取是为了决定含氮量和湿度。

representative samples were also drawn for determination of nitrogen and moisture content.

126. 融化流失及困难作业损失　the loss by dissolution and awkward work

127. 贬值15%　depreciation 15%

128. 严重污损地脚　sweepings of seriously stained urea

129. 鉴于上述情况　in the view of the above

130. 我们认为上述货物的残损应归因于……

We are of the opinion that damage to the above-mentioned cargo was due to. . .

131. 货舱底部部分可以明显发现有积水。

The accumulated water could be seen obviously in part of the bottom of the hold.

132. 溢出货舱　flow into cargo hold

133. 船从……到……

the ship from. . . to. . .

134. 进一步检验后发现　with a further examination

135. 水锈的明显痕迹　evident trace of water rust

136. 这样导致货物残损　thus it caused the cargo damaged.

137. 浸透　saturate with water

138. 浸泡　soak in water

139. 样品被抽取分析,结果表明是海水。

The samples were drawn for analysis and the results showed that it was sea water.

140. 溶化流失　dissolved & run off

141. 随机抽样　be taken at random

142. 麻袋　jute bag

143. 船方抗议书摘要　ship's letter of protest abstract

144. 在相对高湿度的环境下

in relatively high humid and moisture atmospheric condition

145. 在装运过程中,所有洒落在甲板上的货物和一些以前的残存货物被搬运工收集和转运到货仓里。

During loading, all cargoes spilled on deck had been collected along with remnants of some former cargoes and transferred into the cargo hold by stevedores.

146. 何时收到申请　upon the receipt of the application on

147. 船方声明先于本船装的尿素的上次货是焦油。

It was stated by vessel's that the former cargo carried by this vessel prior to urea was petroleum coke.

148. 包成包后单独堆列　packed into bags and piled alone

149. 被污染的货物被挑出　stained cargoes were sorted out

150. 外来杂质　foreign matter

151. 严重影响商销和使用　affected its salability and usage seriously

152. 到货净重短少,系原发货重量不足所致。

The shortage of the net weight of delivered cargo was due to insufficiency of the original dispatching weight.

153. 根据船方的航海日志和抗议书　according to the ship's log and note of protest

154. 航行途中,遭遇8~9级大风,上下翻滚,水冲上甲板。

During the voyage, she encountered heavy weather, windforce 8 ~ 9, pitching and rolling, and shipping seas over deck.

155. 配备有半自动盖板的2、5货舱被紧闭,每部分密封用的封条是可靠和完整的。

The hatches Nos. 2,5 equipped with the semi-auto iron covers were closed tightly. The seals, which being sealed at each part, were sound and intact.

156. 舱盖一开就做鉴定,我们发现表面货物都是干燥的。

We made a survey down in the holds as soon as the hatches were opened and found the cargoes were dry on surface.

157. 积载货物外包装有严重塌陷和持续的损坏,部分包破损。

The cargo stowed(somewhere) had collapsed seriously and sustained damage to their outer-packings, part of bales had been broken.

158. 卸货状态 status of discharging

159. 在严格控制和监管下 under strict control and superintendence

160. 卸货从开头到结尾正常进行。

The discharging proceeded normally from beginning to end.

161. 鉴定人员在装货前和装货后对货物的外观状态作了仔细的检验,并在理货人员的帮助下对数量进行了检查。

Our surveyor made careful inspections of the cargoes for apparent condition and checked them up for quantity in company with the tallyclerk during and after discharge.

162. 结果是:表面完好____包
发现保存中有损害____包
总计____包

the finding are:externally intact:____ bales

damaged found in holds:____ bales

the total quantity ____ bales

163. 监卸 supervision of discharging

164. 发现 2 舱和 6 舱的堆装货物除有减载痕迹外,表面干燥,无水渍,并且货物处于良好状态下。

Found that the surface of the cargo stowage was dry, free from water stain and the cargo in good condition but with signs of preunloading for reduction in the hold No. 2 and No. 6.

165. 卸货过程中无货损发生。

During discharging no damage of the cargo occurred.

166. 货物被卸货者从船舱卸至通往码头仓库的传送带。

The cargo was discharged by the unloader from the ship's holds into the bunker of the belt conveyor through which it went to the wharf godown.

167. 卸货工作开始于……结束于……

The discharge operation commenced at. . . and completed at. . .

168. 经卸后检验,船舱和码头堆场无残留货物。

Upon inspection after completion of the discharge, no remaining cargo was found in the hold and the wharf ground as well.

168. 4 号舱低柜前后部分的一些货物高温结块并发出腐臭。

Some cargo of the lower layer in the hold No. 4 forward and afterward sections had been cake-like with high temperature and mouldy smell.

170. 特别是靠近舱壁的货物发霉并褪色变黑。

Specially the cargo close to the bulkhead had been moulded and discolored into dark.

171. 根据要求,从残损和完好的货物中有代表性地抽取样品并通过一系列的分析适时的得出结果如下:

As requested, the samples were taken from the damaged and sound cargo respectively and a series of analysis were duly carried out with results given below:

172. 卸完后,做管水测试以证明无漏水迹象。

After completion of discharging, a hose water test was made and proved that there was no evidence of water leakage.

173. 根据《中华人民共和国食品卫生临时法》第7条第1款的规定,上述发霉的____吨谷物不可供人类食用。

According to the regulation of the provisional *Law of the People's Republic of China on Food Hygiene*, Article 7, item 1, the above-mentioned moulded corns of ____ metric tons can not supplied for human edibleness.

174. 残损原因是因为货物的高湿度和长距离海运。

The cause of the damage was due to the cargo's higher moisture content and long distance marine transportation.

175. 上述货物在鉴定人员的监管下从发货人的仓库装至集装箱上,装前集装箱已经检察适合装上述货物。装运过程中,发现残损货物(严重凹陷,泄漏,膨胀)没有装进集装箱。货物在集装箱内正常储存,每集装箱装950听竹笋。总计____听。

The above-mentioned goods were loaded into the containers, under our surveyor's supervision at the warehouse of shipper, prior to loading the containers had been checked and were suitable to load the above-mentioned goods. During loading, it was found that the damaged goods(heavy dent, leakage, expanding) were not loaded into the containers. The goods were stored in the containers in normal condition. 950 tins of bamboo shoots were loaded into each container. The total is ____ tins.

176. 注意:本证书译文如有任何异点,概以中文为主。

N. B.: In case of divergence, the Chinese text shall be regarded as authentic.

177. 此报告仅限说明完成一次鉴定。鉴定人员为申请方作出鉴定报告。本公司对准确性不承担责任。

In accepting this report it is agreed that the obligation of this company is limited to finishing a competent surveyor. And in the making of this report the surveyor is acting on behalf of the person requesting the same. And no liability shall attach to this company for the accuracy thereof.

参考文献

[1] 中国外轮理货总公司. 外轮理货手册[M]. 北京:人民交通出版社,1985.

[2] 王义源,朱雷,等. 远洋运输业务[M]. 北京:人民交通出版社,1985.

[3] 中国国际货运代理协会. 国际海上货运代理理论与实务[M]. 北京:中国对外经济贸易出版社,2003.

[4] 中国外轮理货总公司上海分公司. 集装箱理货业务[Z]. 内部使用,2003.

[5] 孙肇裕. 外轮理论业务[M]. 北京:人民交通出版社,1996.

[6] 黎孝先,石玉川. 国际贸易实务[M]. 北京:对外经济贸易大学出版社,2008.

[7] 滕连爽. 货物学[M]. 北京:中国经济出版社,2008.

[8] 陈戌源. 集装箱码头业务管理[M]. 大连:大连海事大学出版社,2009.

[9] 杨矛甑. 集装箱运输实务[M]. 北京:高等教育出版社,2007.

[10] 李凤英. 港口生产组织[M]. 北京:人民交通出版社,2008.

[11] 王有江. 港口库场业务[M]. 北京:中国经济出版社,2008.